A sœur de sainte Claire
xavier

DIOCÈSE DE VERSAILLES

COUVENT
DES DAMES BÉNÉDICTINES DE MANTES

(Seine-et-Oise)

Le vray Portrait de la Vénerable Mere MARIE ALVEQUIN *dite de Jesus, Reformatrice et Superieure du Monastere des Religieuses Augustines dite P.tes decedée le 25. Janvier 1648. Aagée de quatre vingts deux ans.*

LA VIE
ET LES ACTIONS
DE LA
VENERABLE MERE
MARIE ALVEQUIN
DE JESUS,

RELIGIEUSE DE MONMARTRE, Superieure & Reformatrice des Dames Augustines de S. Magloire dites Penitentes.

Par M. HIERÔME DE LACOUX Sr de Marivaut, Prêtre, Licencié en Theologie de la Faculté de Paris.

A PARIS,
Chez JEAN-FRANÇOIS DUBOIS, ruë saint Jacques, à la Reine du Clergé, & à l'Image S. Denis, vis-à-vis S. Yves.

M. DC. LXXXVII.

AVEC APPROBATIONS ET PRIVILEGE.

A MADAME
LA DUCHESSE
ET MARECHALE
DE VIVONNE.

ADAME,

Quoy que cet Ouvrage ne renferme que la Vie d'une Religieuse, qui par sa mort au monde semble ne luy appartenir aucunement, j'ose cepen-

*dant dire, M*ADAME, *qu'il vous eſt entierement deu, cette vertu reguliere que vous avez ſceu ſi heureuſement faire admirer à la liberté même du ſiecle, cet eſprit de retraite que vous ſçavez ſi bien introduire au milieu du tumulte, cette douceur qui vous fait poſſeder vôtre ame en paix au milieu des agitations du monde, & cette eſtime que vous marquez pour l'auſterité du Cloître toute inveſtie, ſi j'oſe dire, des délices de la Cour, ſont voir que les vertus religieuſes ne ſont pas indignes d'une ame Chreſtienne qui vit regulierement dans le grand monde,* *puiſque vous avez ſceu par cette vie reglée introduire la Religion dans le monde, comme l'on peut par le relâchement donner entrée au monde dans la Religion.*

Recevez donc, MADAME, *ce petit ouvrage comme une preuve fidelle de mes reconnoiſſances parfaites aux obligations ſingulieres que je vous ay, & comme un gage des hautes idées de vertu que j'ay toûjours rapporté d'auprés de vous, ſoit dans les actions que je vous ay veu faire, ſoit dans les paroles que je vous ay entendu dire. J'ay cru qu'à l'ombre de vôtre pro-*

tection on liroit avec respect le détail des éminentes vertus de cette grande ame, la venerable Mere Marie Alvequin dite de Iesus, Religieuse de l'Abbaye de Monmartre, Superieure & Reformatrice des Filles Augustines Penitentes dans laquelle la grace s'est pleu de faire voir des choses extraordinaires; & je me suis persuadé que le monde malgré luy-méme seroit forcé de reverer en elle ce qu'il est obligé d'admirer en vôtre personne.

C'est une illusion déplorable du siecle de se faire une grandeur d'ame & une force d'esprit de traiter les plus essen-

tielles vertus de la Religion de petitesse d'esprit & de foiblesse de raison. Pour luy l'oraison est une réverie, la contemplation une melancolique vision, le détachement du monde l'effet du caprice ou du chagrin, la retraite une vertu de temperament, la modestie une timidité, l'humilité une bassesse, la mortification une folie, & l'amour de Dieu & du prochain, des vertus dont on parle avec admiration, & dont la pratique n'est que dans la superficie de l'imagination.

Ces fâcheuses préventions qui favorisent la licence des mœurs & décredite l'observan-

ce reguliere des vertus, pourroient inspirer ou du dégoût ou du mépris pour les actions de ma sainte, si je ne confondois cette injuste délicatesse du siecle qui ne sçait pas goûter les choses du ciel, & si je ne relevois ces offensans mépris par les exemples éclatans de cette vertu solide qui vous rend si agreable aux yeux de Dieu & aux yeux des hommes.

Sans doute qu'on n'osera lire qu'avec respect les actions extraordinaires que je rapporteray dans cette histoire lors qu'on les verra confirmées par l'autorité de vôtre nom que je mets sur le frontispice de mon Livre ; on ne trouvera plus de bassesse de cœur ni de petitesse d'esprit dans des vertus qu'on verra si hautement pratiquées par une si digne personne, & on sera convaincu qu'il n'y a rien que de grand dans ses saintes observances, puisqu'une personne qui n'a jamais rien eu que de grand dans la naissance, dans l'esprit & dans la fortune, s'y tient avec une si religieuse exactitude.

Icy, MADAME, *j'aurois un vaste champ de m'étendre sur toutes les illustres qualitez de vôtre Sang, de faire le détail des vertus inseparables de vô-*

tre famille, & de faire voir tous les avantages si glorieux d'un Pere, d'un Epoux, & d'un Fils dans la guerre merveilleusement rëünis dans vôtre personne.

Dans vous je ferois voir cette justice si integre, cette pènetration si vive dans les affaires, cette droiture d'ame, cette douceur engageante, & cette prudence dans les conseils de ce fameux President de Mesme, qui semble vous avoir laissé toutes ses vertus avec son sang.

Je pourrois trouver dans vôtre personne la valeur, la generosité, l'intrepidité de vôtre illustre Epoux Monsieur le Marêchal de Vivonne qu'on a vû couronner de gloire dans les combats où il s'est trouvé, & dans les exploits de Candie, de Sicile en qualité de Vice-Roy, & sur les Galleres en qualité de General, où il a fait admirer sa vaillance & sa pieté exposant genereusement sa vie pour les interêts du Prince & de la Religion.

Enfin je trouverois dans vôtre Sang cette noble ardeur qui a entraîné Monsieur le Duc de Mortemart vôtre Fils dés l'âge de huit ans à la suite des démarches glorieuses de Monsieur son Pere sur les

Vaisseaux du Roy, où s'étant signalé par des actions surprenantes, a dés l'âge de vingt-cinq ans merité d'un Roy qui ne donne les grands emplois qu'au rare merite, celuy de commander les Vaisseaux en la place de ce fameux du Quesne ; heureux choix qui fait porter mille avantageux jugemens pour le têms futur, dont l'on ne doit rien moins attendre qu'une fortune extraordinaire & qu'une gloire consommée, si l'on juge de la fin par de si heureux commencemens.

Mais comme vous n'établissez pas vôtre gloire dans

ce qui peut concourir à former une prophane grandeur, & que dailleurs je ſçay que vous n'aimez pas la verité quand elle fait vôtre éloge, je paſſe ſous ſilence toute cette gloire des hommes, j'entre avec reſpect dans les ſentimens de vôtre modeſtie; je laiſſe à tous ceux qui ont le bonheur de vous approcher la liberté de penſer & d'admirer ce que vous me défendez de publier, & je me retranche ſeulement à dire que prévenu de l'eſtime la plus veritable, des reſpects les plus profonds pour toutes les rares qualitez qui m'ont charmé, j'oſe vous faire l'a-

veu, & ne crains pas de le faire à tout le monde, que je ſuis dans la reſolution de vivre & mourir dans un veritable attachement à vôtre ſervice en qualité de

MADAME,

Vôtre tres-humble, tres-obeïſſant & ſoûmis Serviteur DE MARIVAUT.

PREFACE.

AUX DAMES Religieuſes Auguſtines de S. Magloire dites Penitentes, ſur la Vie de leur Venerable Mere MARIE ALVEQUIN *de Jeſus.*

MES DAMES,

Cet Ouvrage que je vous preſente de la Vie de vôtre Venerable Mere & digne Superieure ne peut rien renfermer qui n'attire vôtre application, les ſublimes idées que vous en avez conceu vous-mêmes, & l'empreſſement avec lequel vous m'avez engagé de travailler à la donner au public, vous feront lire avec conſolation les actions d'une vertueuſe Fille, que la grace ſemble pour ainſi dire avoir araché à la nature pour la former toute entiere uniquement pour Dieu.

Vous la verrez dés l'âge de trois ans, où les autres enfans enſevelis dans la chair & dans les paſſions naiſſantes ne reſpirent que l'effuſion des ſens,

ſens, vous la verrez dis-je ne reſpirer que l'effuſion de ſon cœur en la preſence de Jeſus & de Marie, dont les ſeuls noms faiſoient toutes les douceurs de ſes paroles, comme les délices de ſon petit cœur. Vous admirerez les routes regulieres de la grace dans cette grande ame, qui la conduiſant toûjours ſur une même ligne, la fit pendant tous les momens de ſa vie marcher inflexiblement dans le chemin de la vertu, & courir avec rapidité dans la voye de la perfection, ſans qu'aucuns engagemens de plaiſirs trompeurs, de grandeurs vaines & de fortunes mondaines l'en pûssent jamais distraire ni détourner.

Son entrée dans la Religion qui fut pour elle un jour de triomphe, puisqu'elle brisa tous les liens de la nature & du sang, ce qui fut le commencement de son entiere separation du siecle, où prenant les aisles de la colombe, elle prit l'essor au dessus du monde corrompu, pour aller dans une terre nouvelle s'ouvrir une demeure assurée à la vertu, & commencer veritablement de mourir à elle-même, pour ne vivre qu'à Jesus-Christ (& selon sa devise) cacher sa vie avec luy dans Dieu, ſera pour vous un renouvellement de ces premiers feux, & de ces premieres ardeurs avec leſquelles vous fîtes comme elle un genereux divorce avec la chair & le ſang.

Les differentes épreuves dont il plut à Dieu d'exercer ſa vertu par les diſgraces que cauſerent les guerres dans l'obſervance reguliere de l'Abbaye de Monmartre, dont elle êtoit Religieuſe, l'inviolable fidelité qu'elle garda toûjours conſtamment malgré l'interruption & le relâchement cauſé par les fâcheuſes conjonctures des têms, enfin la conſtance avec laquelle elle ſoûtint aprés la perte du temporel & du ſpirituel de la Religion ſa Mere celle de Monſieur Alvequin ſon pere, qui mourut dans ſon exil; pour vous seront d'engageans motifs pour faire roidir vôtre conſtance contre les differentes diſgraces qui peuvent luy donner d'importunes ſecouſſes, ſoit au dedans, ſoit au dehors de vôtre Monaſtere.

Vous admirerez avec étonnement comme Dieu ayant répandu le calme dans l'Etat le répandit auſſi-tôt dans la Religion, & donnant une nouvelle face aux choſes, remit par les ſoins de nôtre venerable Mere l'Abbaye de Monmartre dans ſon premier luſtre, & ſa Regle dans ſon exacte obſervance.

Vous apprendrez de là à ne jamais deſeſperer du ſecours du ciel qui combat toûjours heureuſement pour les interêts de ſa gloire, & vous ſerez perſuadées que les vœux, les ſoûpirs & les larmes d'une ame vertueuſe ſont des armes victorieuſes qui ſçavent l'art de forcer le ciel, & deſquelles Dieu même ne ſe peut défendre.

Enfin, Mes Dames, ces

reglemens si sages, cette conduite si admirable, & cette observance si reguliere qu'elle a êtablie pendant sa vie dans vôtre Maison, où elle fut transportée de l'Abbaye de Monmartre pour la conduire en qualité de Superieure, & qu'on y voit encore aujourd'huy avec tant d'éclat aprés sa mort, & à l'édification de ceux qui vous pratiquent, & que j'ay toûjours jugé être comme les gages précieux de son esprit qu'elle vous a confié en mourant, comme un sacré dépôt que vous devez transporter & répandre dans les cœurs de celles qui vous doivent ſuivre, ſont pour vous des motifs d'une grande conſolation que je puis vous donner dans cette Preface, c'eſt la juſtice que je dois aux rares vertus qui m'ont ſingulierement édifié, pendant un Advent que j'ay eu l'honneur de vous prêcher, & c'eſt le témoignage que je ſuis obligé de donner au public, de la haute eſtime que j'ay pour vôtre illuſtre Communauté, dont la ſainteté des mœurs répond merveilleuſement à la ſainteté de l'établiſſement que l'on verra plus en détail dans la ſuite de cet ouvrage que je fais à la plus grande gloire de Dieu, & avec sa grace à l'édification des ames qui voudront en faire la lecture.

APPROBATION DES DOCTEURS.

J'Ay lû cette Vie de la Mere Marie Alvequin dite de Jesus, Religieuse de l'Abbaye de Monmartre, Superieure & Reformatrice des Filles Augustines Penitentes de Paris. En Sorbonne le 12. Mars 1687.

PIROT.

AUTRE APPROBATION.

NOus Superieur des Dames Religieuses Augustines Penitentes de Paris, certifions à tous qu'il appartiendra, que nous avons lû avec application un Livre intitulé, *La Vie de la Mere Marie Alvequin dite de Jesus, Religieuse de Monmartre, Superieure & Reformatrice du susdit Monastere*, composé par Monsieur l'Abbé de Marivaut, dans lequel non seulement il n'y a rien qui soit contraire à la Religion Catholique, Apostolique & Romaine, mais au contraire nous avons lû avec plaisir les veritez de la foy solidement établies, & la pieté & la solidité du merite & de la capacité de l'Autheur s'y font paroître avec tant de distinction, que nous avons crû être obligé de luy rendre ce foible témoignage, & de nôtre reconnoissance. A Paris ce 24. Mars 1687.

DE BONGUERET, Doyen de l'Eglise de Paris, & Superieur susdit.

LA

LA VIE DE LA MERE ALVEQUIN DE JESUS,

SUPERIEURE ET REFORMATRICE des Dames de Saint Magloire Augustines, dites Penitentes.

LIVRE PREMIER.

DIEU n'a point d'égard à la naissance des hommes pour leur distribuer ses graces & ses faveurs,

& n'ayant point, ſelon l'Ecriture acception de perſonnes, il ne conſidere ny l'éminence de leur êtat, ny la baſſeſſe de leur extraction : ce n'eſt pas que par une conduite admirable de ſa providence, il ne ſe ſerve ſouvent de la nobleſſe du ſang pour répandre plus heureuſement l'onction de ſa grace, & inſpirer genereuſement les ſublimes idées de la vertu.

Telle fut nôtre vertueuſe Mere Marie Alvequin de Jeſus, dont je commence la Vie par ſon origine.

Elle eut pour parens des perſonnes, qui n'êtoient pas moins illuſtres par la nobleſſe du ſang, que par l'exellence d'une rare vertu.

Son Pere ſe nommoit Philippe Alvequin : il fut Conſeiller, & Secretaire du Roy, il auroit rempli les plus belles charges du Royaume, s'il n'eût été convaincu avec le Prophete, qu'une trop grande élevation nous porte tres-ſouvent à des chûtes funeſtes.

Ces conſiderations l'engagerent à choiſir une vie plus particuliere, pour n'avoir ſoin que de l'importante affaire de ſon ſalut, & de la conduite de ſa famille.

C'étoit un homme fort zelé pour l'interêt de la Religion, & pour la gloire de ſon Dieu; il ſouffrit mille perſecutions pour la défenſe de l'Fgliſe durant l'inſolence des Heretiques, auſquels il reſiſta tres-puiſſamment, ſoit par l'autorité de ſon credit, ſoit par la force de ſes écrits; il êtoit charitable envers les pauvres, dont il êtoit le protecteur & le pere, les aſſiſtant dans leurs beſoins, les prevenant même dans leurs plus ſecretes neceſſitez.

Il épouſa Marie Rolland ſortie d'une illuſtre famille : elle avoit les perfections de ſon mary, & leurs actions êtoient conformes en toutes choſes. Dieu qui favoriſe les ſaintes alliances, les voulut combler de benedictions en leur donnant une heureuſe poſterité, afin de faire revivre leur vertu dans celle de leurs enfans. Ils eurent quatre fils, & sept filles, qui furent les heureux fruits de ce saint mariage.

Marie fut l'une de ces sept filles, elle vint au monde le dix-sept Fevrier de l'année mil cinq cens soixante & quatre, & fut baptisée sur les Fons de la Paroisse de saint Eustache, où elle fut nommée Marie. Jamais peres & meres n'eurent plus de soin d'élever leurs enfans dans l'amour & dans la crainte du Seigneur; & comme dés ses plus tendres années ils remarquerent dans la petite Marie des impressions plus singulieres de la grace, ils s'étudierent aussi plus particulierement à l'élever avec plus de soin, pour celuy qui devoit faire toute sa gloire dans le ciel, & toute sa felicité sur la terre.

LIVRE SECOND.

Les premiers fondemens de sa vertu, & de sa conduite extraordinaire, de sa jeunesse, de son Noviciat, & de sa Profession.

LA conduite de Dieu est admirable dans l'économie de sa grace, à l'égard des ames qu'il choisit, & qu'il se reſerve; il les aide dés le point du jour, & dans un âge où les autres ne ſont pas capables de raiſon ; il leur donne des lumieres anticipées qui les rendent dignes de la plus reguliere vertu.

Ce fut le partage de Marie dans ſon enfance : la grace qui éclairoit ſon eſprit dans ſes premieres années, imprima dans ſon cœur les caracteres d'une ſainteté parfaite ; & vous euſſiez dit ſans doute que cette fille n'êtoit ſortie du ſein de ſa mere, que pour entrer dans celuy de la vertu, tant elle luy êtoit devenuë naturelle ; elle êtoit au deſſus de toutes les bagatelles, & de tous les amuſemens auſquels s'attachent ordinairement les enfans ; sa devotion paroissoit au dessus de son âge : & ce qu'il y a de plus surprenant, c'êtoit de voir cette jeune fille âgée de trois ans reciter la Salutation Angelique à chaque degré qu'elle montoit, & s'arêter autant de fois pour saluër la Sainte Vierge, qu'il y avoit de marches pour ariver au lieu où elle vouloit aller.

Ses manieres êtoient conduites avec tant de jugement, qu'elle êtoit l'admiration de ceux qui examinoient sa modestie ; ses discours êtoient soûtenus par une vivacité si extraordinaire, qu'elle enlevoit ceux qui l'interrogeoient sur les principes de nôtre Religion.

Il ſemble qu'elle avoit été toute formée par le Dieu des ſciences, & que l'eſprit divin avoit été luy-même ſon directeur ; elle joignoit à toutes les vertus un grand reſpect, & une parfaite obeïſſance à ſes parens ; elle s'accommodoit à leur humeur & à leur inclination, & par ſa grande douceur accompagnée de mille autres agrémens, elle gaignoit le cœur de tous ceux qui la regardoient.

Mais ce qui donnoit un nouveau luſtre à toutes ſes rares qualitez, c'étoit celle de la pureté qui regnoit dans ſon cœur, elle ne pouvoit ſouffrir ſans une extrême douleur les moindres regards, n'y les moindres diſcours qui pouvoient tant ſoit peu l'intereſſer, & cette pureté virginale qu'elle preferoit à tous les treſors de la terre, luy inſpira dés l'âge de ſept ans le deſir de ſe conſacrer à JESUS CHRIST par le vœu ſecret de virginité ; & de le choiſir pour ſon unique époux.

Projets élevez d'une ame ſublime, qui ne l'aiſſerent pas d'avoir leurs combats à ſoûtenir, & leur victoire à remporter : une ſi belle naiſſance, de ſi bonnes qualitez ſelon l'eſprit, une beauté ſi reguliere ſelon le corps, ne manquerent pas de luy attirer des partis conſiderables, qui charmez de toutes ſes perfections, tâcherent dés l'âge de treize ans par les recherches d'une legitime alliance, de luy faire rompre ces grandes reſolutions de ſon enfance.

L'eſprit & la beauté ont toûjours été deux grands éceüils à la pureté d'un jeune cœur, tendre & ſenſible ; & il eſt tres-difficile de ſe ſervir des avantages de ſon eſprit, & d'employer les charmes de ſon corps, ſans s'expoſer à une fatale coruption, qui eſt preſque l'inévitable apanage du ſiecle.

L'orgeüil de l'eſprit nous porte toûjours à de hautes idées, & nous fait former mille vains fantômes de grandeur & de gloire que nous ſuivons inceſſament, qui toûjours nous échapent, & qui cependant nous amuſent.

Et la beauté excitant en nous une fole, & aveugle complaiſance, nous fait donner dans mille illuſions qu'on nous dreſſe, que l'amour propre admet avec plaiſir, & dont la paſſion s'autoriſe pour ſe porter ſouvent à de lâches & d'indignes extrémitez.

Ce ne fut pas à ces trompeuſes fins que Marie employa ces deux avantageuſes qualitez; la grace qui vint au ſecours de l'une & de l'autre, luy fit rejetter les recherches des hommes,

& comme s'il luy avoit paru indigne de l'élevation de ſon cœur d'avoir pû plaire à des yeux mortels, elle employa par une noble & ſainte fierté tous les jours de ſa vie pour ne plaire qu'aux yeux d'un époux immortel.

On ne peut exprimer la joye ſecrete qui ſe répandit dans ſon cœur, dans la douce reflexion qu'elle faiſoit, que ces heureux têms s'avançoient avec ſon âge, auſquels elle ſeroit en état de ſe donner toute entiere à ſon divin époux, par les nœuds ſacrez de la Religion qu'elle ſe propoſoit d'embraſſer; & les grandeurs du monde dont Dieu luy faiſoit connoître le neant, & tous les plaiſirs trompeurs dont il luy inſpiroit du dégoût, ne ſervoient qu'à la fortifier dans la genereuſe reſolution qu'elle avoit priſe de ne s'attacher qu'à la vertu qu'elle enviſageoit comme ſon unique partage.

Ils ne furent pas plûtôt arivez ces heureux jours ſi ardemment ſouhaitez, que comme ſi elle avoit entendu la voix de ſon bien aimé, qui luy dît interieurement ce qu'il dît autrefois intelligiblement à un grand Patriarche; Sortez de la maiſon de vôtre pere, quitez vos proches, n'écoutez point les tendreſſes du ſang, & marchez dans une terre que je vous montreray, qu'aussi-tôt elle se rendit aux attrais victorieux de cette voix, & prit sans aucunement balancer le parti de la Religion.

Cette resolution de Marie fut un coup bien sensible à ses pere & mere, qui prevenus de ses charmantes qualitez, ne pouvoient sans une extrême violence, & sans une vive douleur, se resoudre à la rude separation de cet aimable enfant pour le reste de leur vie.

Cependant comme Monsieur Alvequin & Madame son épouse êtoiẽt de veritables serviteurs de Dieu, ayant examiné toutes choses, & reconnu que la vocation de leur fille êtoit un ouvrage du ciel, ils se soûmirent à ſes decrets & conſentirent à ſon entrée en Religion, perſuadez que ſans doute elle y êtoit appellée de Dieu pour travailler à ſa gloire.

Ce fut le celebre Monaſtere de Monmartre que choiſit cette ſainte fille pour être l'autel de ſon ſacrifice : là pluſieurs filles de qualité menoient une vie plus angelique qu'humaine, & ſa ſœur aînée nommée Catherine, qui s'y êtoit déja retirée pour ſe donner toute entiere à Dieu, receut une extrême conſolation d'aprendre la reſolution qu'elle avoit priſe de s'unir dans le ſein d'une même Religion, comme elles êtoient ſorties du ſein d'une même mere.

mere Ce fut l'an 1578. qu'elle fut receuë par l'Abbesse, avec le consentement general de toute la Communauté, êtant âgée seulement de quatorze ans.

Peu de temps aprés Marie fut mise au nombre des Postulantes pour s'instruire à fonds des maximes de la Religion, & réüssit si bien dans ces saintes occupations, qu'elle devint le modelle de toutes ses compagnes.

Et aprés avoir été exercée quelque têms suivant la coûtume de ce saint Ordre, elle fut vêtüe de l'habit de Religieuse par les mains de l'Abbesse. Il seroit difficile d'exprimer sa joie lors qu'elle se vit aux pieds des

Autels prête de quitter tous ses habits mondains, pour se revêtir de ceux de cet Ordre, qui marque l'humilité & la simplicité d'une ame parfaitement détachée.

Ce fut dans ces doux momens qu'elle commença d'épancher son cœur en presence de son celeste époux, & qu'elle prit le parti d'un esprit de retraite & de silence pour communiquer plus interieurement avec luy, émuë de l'esprit de Dieu qui est toûjours agissant ; elle n'étoit jamais sans occupation, elle maceroit sa chair par les cilices & les penitences, & recherchoit avec plaisir les emplois les plus vils & les plus fatigans du Monastere.

La lecture de l'Ecriture sainte & des livres de devotion, dans lesquels elle puisoit les regles de sa conduite & de sa perfection, étoient l'occupation de sa retraite, & la méditation de JESUS crucifié, duquel elle méditoit souvent les douleurs, étoit l'heureuse source d'où elle puisoit de nouvelles ferveurs, elle ne pouvoit jetter les yeux sur cet homme de douleurs, sans en être sensiblement touchée, & elle versoit incessament des torrens de l'armes aux pieds de ce Dieu mourant, & remplissant par ce saint artifice, ce qui manquoit à la passion du Sauveur, elle le regardoit comme un époux ſacré, qui avoit répandu tout ſon ſang pour contracter avec elle une celeſte & divine alliance.

C'êtoit ce qui l'encourageoit à ajoûter tous les jours quelque degré de perfection à celle qu'elle avoit acquiſe, afin de ſe rendre digne de cette ſainte profeſſion, & de ce ſublime état auquel Dieu l'avoit appellée : de ſorte que s'avançant heureuſement dans la route de la ſainteté, & paſſant inceſſament de vertu en vertu pendant toutes les épreuves de l'année de ſon Novitiat, elle ariva enfin à cet heureux moment ſi ardemment deſiré, auquel elle devoit ſe lier inſeparablement à Dieu par les vœux ſolemnels qu'elle luy en devoit faire.

Elle parut aux pieds des Autels d'un air qui faiſoit voir la conſolation de ſon cœur, & s'y preſentant avec une ferveur pleine d'amour & de reverence, elle prononça ſes vœux d'une fermeté de victorieuſe, ſoûtenuë d'une modeſtie angelique, & fit enfin ce grand ſacrifice à Dieu, en luy conſacrant ce qu'elle avoit de plus precieux entre les mains de ſon Abbeſſe, qui receut ſa profeſſion avec les auguſtes ceremonies qu'on a coûtume d'obſerver.

A peine eut-elle achevé ſa profeſſion qu'elle redoubla ſon

zele, elle ſe ſentit embraſée de plus ardentes flâmes, & eſtimant n'avoir rien fait juſqu'alors d'agreable à Dieu, elle travailla ſans relâche pour arriver au comble de la perfection; elle ſçavoit que ce n'étoit pas aſſez de courir avec ardeur, mais qu'il falloit achever ſa courſe avec fidelité, en gardant le ſaint dépoſt à celuy qui s'étoit rendu le maiſtre de ſon cœur, afin de remporter la couronne qu'il promet à ceux qui l'aiment & qui le ſervent.

Jamais Religieuſe n'a été plus ſoûmiſe, ny plus obeïſſante à ſes Superieures que Marie de Jeſus, elle executoit avec reſpect tout ce qu'elles luy commandoient, ſans examiner ſi elles avoient raiſon de le faire ; elle prevenoit même ſouvent leurs intentions dans les choſes où elle pouvoit avoir quelque repugnance, elle faiſoit paroître une plus grande promtitude, de ſorte qu'en triomphant ainſi de la nature, elle faiſoit voir qu'elle regardoit JESUS-CHRIST dans leurs perſonnes, auquel elle avoit conſacré ſa liberté par le vœu d'une parfaite obeïſſance.

Si quelqu'unes de ſes ſœurs luy avoient cauſé quelques peines, comme il eſt preſque inévitable dans les grandes Communautez, où il ſe rencontre tant d'eſprits differens, elle ne ſe contentoit pas de les aller trouver la premiere, & de les prevenir avec beaucoup de douceur ; mais pour marque qu'elle ne ſçavoit ce que c'êtoit que de garder aucun reſſentiment, elle ne s'en entretenoit jamais avec perſonne.

Les entretiens ordinaires qu'elle avoit avec ſes ſœurs êtoient modeſtes, elle n'affectoit point de paroître éclairée, tous ſes diſcours êtoient accompagnez d'une honnête ſimplicité, & d'une humilité tres-profonde ; bien inſtruite des ſentimens de l'Apôtre, qui aſſure que Dieu reſiſte aux ſuperbes, & qu'il ne communique jamais ſes graces aux ames remplies de vanité, mais que son esprit repose sur les paisibles, & les humbles de cœur.

Nulle raison ne la pouvoit faire dispenser d'aucun exercice de la Communauté, & exacte en toutes choses, jamais on ne la veu omettre aucune observance reguliere ; severe à elle-même, impitoyable à son corps, elle ne luy recherchoit aucune délicatesse ; & ennemie de toutes singularitez, qui troublent ordinairement la paix des Communautez, elle les fuyoit avec une extrême exactitude, il luy importoit peu de plaire aux yeux des creatures, pourveu qu'elle plût à ceux du Createur, & comme il avoit conquis son cœur, elle luy consacroit tous ses soins, le servant avec un pur amour, & sans aucun interêt, que celuy de sa gloire.

Instruite dans son école, elle recherchoit même d'être méprisée, & fuyoit les honneurs & les charges qui êtoient deües à son merite, & qu'on ne pouvoit refuser legitimement à sa conduite.

Telles êtoient les perfections de Marie dans les premieres années de sa profession ; heureux prelude de cette rare vertu, qui la porta à un si haut degré de perfection, que bientôt elle parut comme la plus accomplie Religieuse de son Monastere !

Elle avoit une devotion toute particuliere au ſaint Sacrement de l'Autel, elle ſçavoit que tous les myſteres de l'homme Dieu ſont adorables, & qu'il n'y en a pas un qui ne merite nos hommages.

Faut-il donc s'étonner ſi nôtre vertueuſe Marie de Jeſus, dont l'eſprit êtoit rempli des plus belles lumieres de la grace, formoit des ſentimens ſi élevez, & avoit une ſi ſenſible devotion pour ce divin Sacrement, duquel elle faiſoit l'objet de toutes ſes adorations.

Elle s'appliquoit ſans ceſſe à rendre ſes reconnoiſſances à ce Seigneur caché dans l'Auguſte Sacrement des Autels dans lequel elle méditoit tous ces aimables mysteres qu'il avoit operé en faveur des hommes, & y consideroit toutes les plus adorables perfections d'un Dieu, qui y êtoit aussi glorieux sous les ombres & les foibles accidens dans sa gloire cachée, que dans le sein de son Pere.

Qu'elle consolation n'êtoit-ce pas pour cette sainte fille, de se voir au pied de cette majesté divine, former à tous momens des actes de foy, d'humilité, & d'amour, pour reconnoissance des graces qu'elle en recevoit dans l'union amoureuse de cet Auguste Sacrement.

Jamais elle ne recevoit ce

Dieu d'amour, qu'elle ne fût embraſée d'un feu ſacré, ſon ame ſe fondoit aux douces approches de ſon aimable époux, & ſe noyant dans les l'armes qu'elle verſoit avec abondance, elle reſſentoit au dedans d'elle même les douces innondations de ces celeſtes ſuavitez, que Dieu répand dans l'ame de celles qui ont une fois entré dans ſes divines communications; on pouvoit juſtement l'appeller Marie de Jeſus, luy êtant ſi parfaitement unie, qu'il êtoit vray de dire, qu'elle ne vivoit plus, ou que ſi elle vivoit, c'êtoit de la vie de Jeſus-Chriſt, qui vivoit plus particulierement en elle; elle paſſoit aux pieds des Autels la plus grande partie & des jours & des nuits, faisant de l'adorable Mystere de l'Eucharistie l'exercice continuel de sa pieté, aussi êtoit-ce sa devise que ces paroles de l'Apôtre ; *Nôtre vie a été cachée avec Iesus-Christ en Dieu.*

Jamais elle ne paroissoit devant l'Autel où ce Seigneur repose dans le midy de son amour, qu'elle ne luy fit de profondes reverences, & lorsqu'il êtoit exposé publiquement, elle passoit tout le jour en sa presence, n'ayant point de plus grand plaisir que de converser avec son époux, & de luy découvrir les tendres sentimens de son cœur.

A cette devotion du Fils, elle joignoit celle de la Mere, & avoit une si grande confiance dans la S^te^. Vierge, que l'ayant choisie dés son enfance pour sa protectrice, comme nous avons dit, elle persevera si constament dans sa devotion, que dans le reste de ses jours elle n'entreprenoit jamais rien, sans l'avoir consultée, & imploré son assistance, elle s'adressoit à elle dans les plus pressantes afflctions, & elle ne manquoit jamais d'en recevoir toutes sortes de consolations dans les jours qui sont plus particulierement consacrez à sa gloire. Elle redoubloit ses ferveurs, & adoucissant toutes ses peines auprés de cette Mere de ses consolations, elle s'affermissoit contre toutes les traverses, dont Dieu a coûtume d'éprouver ses plus fidelles amantes.

LIVRE TROISIE'ME.

Les afflictions, & les peines dont Dieu éprouva cette vertueuse Riligieuse.

PErsonne de quelque profession qu'il puisse être, n'est exemt de peine en cette vie, & Dieu veut éprouver par les tribulations la fidelité de ses serviteurs ; le monde a ses croix

& la Religion ses épines, & dans l'un & dans l'autre, ceux & celles qui doivent appartenir à Jesus-Christ doivent souffrir des persecutions ; ce n'est pas que Dieu ne connoisse leur courage, mais il veut leur apprendre par ces épreuves, qu'ils ne peuvent rien sans la grace.

Marie de Jesus fut du nombre de ces ames à l'épreuve, & on peut dire avec verité que ce fut par les contradictions que sa fidelité fut connuë, & que sa vertu fut perfectionnée, & quoy qu'elle se defiât de ses forces, elle s'apuyoit toûjours sur la grace de Dieu, & se soûmettant uniquement à ses volontez , elle triomphoit dans les occaſions les plus déſolantes.

Ce fut dans le têms des guerres civiles que cette vertueuſe fille ſouffrit beaucoup, on ne peut point douter que les guerres qui ſe font dans le cœur de l'Etat ne cauſent de grands deſordres dans tout le Royaume, mais ſingulierement dans les Monaſteres de filles, qui ſont toûjours dans la crainte, & qui ſe voyent tres-ſouvent expoſées à mille fâcheux accidens, quelque protection & appuy qu'elles puiſſent avoir.

La guerre qui ſe faiſoit pour lors, & qui êtoit de cette nature ne fut pas exemte de ces ſortes de diſgraces.

Henry IV. par le ſuccés de ſes armes avoit déja reduit la plus grande partie du Royaume ſous ſon obeïſſance; rien ne pouvant reſiſter à ſon grand courage, & à ſon invincible valeur : il n'y avoit que Paris Capitale du Royaume, qui manquoit à ſes conquêtes, il ſe reſolut d'y mettre le ſiege, & d'y entrer en conquerant. Paris devint pour lors le theatre de la guerre, ce qui obligea la plus part des Religieuſes de l'Abbaye de Monmartre de ſe retirer chez leurs parens & amis, & ce qui cauſa dans ce Monaſtere un grand relâchement pour le ſervice divin, que je pafferay neanmoins fous filence.

Ces ombres & ces nuages étant diffipez par le bon ordre qui y fubfifte aujourd'huy, & par les éclatantes vertus de ces faintes filles, qui ont réparé par l'ardeur de leur zele, & de leur charité ces froideurs qui s'êtoient gliffées dans l'exercice regulier de cet Ordre, je diray feulement que ces deux vertueufes fœurs Catherine & Marie Alvequin, & quelques autres fe conferverent dans la fidelité de leur obfervance, fans jamais defifter des pratiques de leur Regle.

Ces deux fervantes de Dieu fouffroient beaucoup de fe

voir au milieu de ces desordres, sans y pouvoir apporter aucun remede ; elles entroient dans des sentimens de zele pour les interêts de la gloire de leur Dieu, & de sa Maison, qui se relâchoit de sa premiere ferveur ; elles répandoient incessament des larmes aux pieds du Seigeur, afin qu'il y mit ordre, elles soûpiroient de voir ce torrent sans pouvoir l'arêter, & elles le solicitoient ardamment par leurs prieres, & leurs penitences, mais il n'êtoit pas encore têms, Dieu voulant les faire paroître comme deux grandes lumieres au milieu de ces fâcheux nuages, & les reservoit dans la suite, pour contribuer par leur ſainteté & leur conduite à la reforme de ce Monaſtere.

Ce ne fut pas neanmoins ſans ſouffrir beaucoup de contradictions & de traverſes des autres Religieuſes, elles étoient par la diſgrace des têms accoûtumées de vivre à leur diſcretion, l'obeïſſance & la pauvreté étoient d'anciennes idées dont elles ſe ſouvenoient encore, mais dont elles avoient oublié la pratique; la plus part avoient tout en propre, & le commun ne ſe ſoûlageant point, le particulier étoit obligé de ſe pourvoir, celles qui avoient l'autorité ne s'en ſervoient plus que dans le titre, celles qui possedoient les Charges s'en servoient pour soûlager leur propre fardeau, & tout se ressentant de la misere des têms, on peut dire que dans toute sorte d'état il y avoit quelque chose de malheureux.

Ces deux bonnes sœurs & quelques autres particulieres participant à ce malheur general, se trouverent dans une si extrême indigence, qu'elles furent obligées d'avoir recours à Monsieur Alvequin leur pere; elles formerent même le dessein de quitter ce Monastere pour entrer dans un autre plus regulier, afin d'y vivre selon la reguliere observance de leur profeſſion.

Elles s'abandonnoient cependans toûjours aux voix impenetrables de la providence de Dieu, & parfaitement convaincuës, qu'elle connoît mieux que nous-mêmes ce qui nous eſt propre, elles n'entreprirent jamais rien, ſans avoir conſulté ſes volontez, & eſpererent toûjours qu'elle executeroit toutes choſes le plus heureuſement pour leur ſalut & leur perfection.

Ce fut dans cette reſignation qu'elles apprirent la nouvelle de l'exil de Monſieur Alvequin leur pere, qui fut un de ceux qu'on relegua en Flandre, il reçeut cet ordre avec un courage digne de sa vertu, & s'en alla dans le lieu qui luy étoit assigné.

Ce coup impreveu fut sans doute bien sensible à ces deux sœurs, qui aimoient tendrement leur pere, & avec d'autant plus de sujet, qu'elles perdoient leur appuy, & toute leur consolation; elles eurent cependant la liberté de le voir avant son départ, & d'en recevoir les dernieres marques d'un amour paternel, aussi bien que les plus grandes preuves d'une intrepide constance, il leur promit qu'il ne les abandonneroit jamais, & qu'il feroit son possible pour satisfaire aux desirs qu'elles avoient d'entrer dans une reguliere obſervance, travaillant à leur ménager en Flandre une maiſon reformée de l'Ordre de ſaint Benoiſt.

Aprés ces témoignages reciproques d'amitiez, & ſes aſſurances de protection, il fallut enfin ſe ſeparer, & quoy que cette ſeparation fût un coup bien dur à ſes ſaintes filles, elles le ſoûtinrent cependant avec une fermeté digne de la grandeur de leurs ames, & de la parfaite ſoûmiſſion de leur volonté aux ordres du Ciel.

Dieu qui multiplie les ſouffrances de ſes Elûs pour multiplier leur couronne, ajoûta à celle dont nous venons de parler, l'affliction des maladies, qui jointes aux austeritez & mortifications qu'elles pratiquoient, les jetterent dans une extrême foiblesse, elles les receurent avec patience, benissant Dieu en tout têms, aussi bien dans la maladie que dans la santé, & se soûlageoient l'une & l'autre, se voyant délaissées presque de tout le monde : ce fut dans ces mêmes têms, qu'elles formerent le dessein de sortir du Couvent de Monmartre, selon qu'elles l'avoient marqué à leur pere, pour entrer dans un Monastere du même Ordre, où la discipline reguliere seroit dans sa force & dans sa vigueur.

Mais comme c'eſt le propre des ames ſaintes d'être craintives & circonſpectes dans tout ce qu'elles entreprennent, & de ne pas acorder à leur ſentiment ce qui peut flatter leurs deſirs, parceque comme dit l'oracle du ſaint Eſprit; Bienheureux eſt celuy qui eſt toûjours dans la crainte pour les affaires de ſon ſalut.

Catherine & Marie de Jeſus conſulterent Dieu, afin de connoître qu'elle êtoit ſa volonté, elles pouſſoient continuellement vers le Ciel des ſoûpirs, pour ſçavoir à quoy elles ſe devoient déterminer craignant toûjours de déplaire à leur époux, qui les avoit appelées dans cette ſainte Maiſon, où elles avoient connu les veritables maximes de la vie Religieuſe.

Et quoy que le motif qui les y portât paiût fort juſte, elles aprehendoient cependant que dans ce changement, il n'y eût un amour propre caché, qui leur fit rechercher leur ſatisfaction, en évitant la peine où elles ſe trouvoient, & dans laquelle peut-être Dieu les vouloit exercer pour leur plus grande perfection; elles jugerent même par l'impatience qu elles avoient de ſortir, que c'êtoit un artifice du demon qui les vouloit ſurprendre par le ſpecieux prétexte d'une plus reguliere reforme, & qu'au reste ce seroit manquer de charité d'abandonner ainsi leurs sœurs, qu'elles pouvoient gaigner à Dieu par leur exemples, ne se relâchant en aucune maniere de leurs devoirs, & de leurs obligations.

Dans cette incertitude, elles eurent recours à un saint homme nommé Frere Jean, qui vivoit pour lors au Mont Valerien en odeur de sainteté, il n'avoit jamais eu de commerce avec les hommes pour s'entretenir plus familierement avec Dieu, & ne vivoit au monde que pour passer ses jours dans l'exercice d'une severe & rigoureuse penitence.

Ce grand homme avoit ſouvent de ſaintes inſpirations, & ſon eſprit penetré des lumieres du Ciel, découvroit les deſſeins de la providence, pour les declarer avec humilité à ceux qui le conſultoient pour le bien de leur avancement ſpirituel.

Nos deux bonnes Religieuſes avoient une extrême confiance en ce ſerviteur de Dieu, elles luy découvroient leur interieur, luy écrivant quelquefois pour avoir part à ſes prieres, & profiter de ſes conſeils, elles le firent particulierement dans cette preſſante occaſion, luy découvrant le deſſein qu'elles avoient d'entrer dans une Maiſon reformée de ſaint Benoiſt en Flandre, & y vivre ſelon leur profeſſion.

Ce ſaint homme leur demanda du têms pour y penſer, & aprés avoir offert à Dieu pour ce ſujet pluſieurs prieres, jeûnes, & mortifications, il reconnut que ce n'êtoit pas la volonté de Dieu qu'elles sortiſſent de ce Monaſtere.

Quelques jours s'êtant écoulez, elles envoyerent vers luy pour ſçavoir ſa réponſe, & quel êtoit ſon avis ſuivant les lumieres que Dieu pouvoit luy avoir communiqué, il leur écrivit, qu'il avoit recommandé cette affaire au Seigneur, & qu'autant qu'il pouvoit connoître

noître les ordres de ſa providence, il leur déclaroit de ſa part, qu'elles ne devoient point ſortir de cette Maiſon, que Dieu les reſervoit pour la reforme de ce Monaſtere, que le têms marqué dans ſa providence n'êtoit pas encore venu, auquel il devoit achever ce grand ouvrage, qu'il falloit attendre avec tranquilité cet heureux changement, & que Dieu leur donneroit une nouvelle Abbeſſe remplie de vertu & de merite, qui auroit la force, & le courage d'y êtablir un reglement ſelon l'exacte inſtitution de ſon Ordre.

Ces bonnes filles receurent cette réponſe comme un oracle du Ciel, elles conceurent que Dieu leur parloit par ſon ſerviteur, & qu'il leur découvroit par là ſes inclinations, ce qui les détermina à ne point ſortir du lieu où elles avoient commencé leur perfection, elles réconnûrent bien-tôt que ce ſaint homme avoit été inſpiré de Dieu dans le conſeil qu'il leur avoit donné, par la nouvelle qu'elles apprirent du decés de leur pere, ſur lequel elles fondoient leur eſperance, pour entrer dans ce Monaſtere de Flandre, dont elles êtoient convenuës.

Toutes choſes êtoient déja bien avancées pour cette fin, lors que Dieu le retira de ce monde par une mort toute ſainte, ces vertueuſes ſœurs en furent ſenſiblement touchées, & aprés avoir donné à la nature les ſoûpirs & les larmes qu'on ne luy peut refuſer, elles ſe tournerent du côté du Ciel afin de ſoliciter Dieu par leurs prieres & leurs ſuffrages pour le repos de ſon ame.

L'Abbaye de Monmártre étant enfin devenüe vacante, Monſieur de Freſne Secrataire d'Etat demanda au Roy le Brevet de nomination pour Madame ſa belle ſœur, Marie de Beauvilliers de l'Ordre de ſaint Benoiſt, de l'Abbaye de Beaumont Religieuſe, qui n'étoit pas moins recommandable par ſa vertu, que par la nobleſſe de ſa naiſſance, & il l'obtint en ſa faveur.

Cette nouvelle donna une extrême joye à Catherine & à Marie de Jeſus, ne doutant point que le têms ne fût venu auquel Dieu vouloit les conſoler ; mais elles furent privées de la preſence de cette digne Abbeſſe l'eſpace de deux années, par le retardement des Bulles qu'on ne receut de Rome que dans l'année 1578. Les ayant enfin receuës, elle fut obligée de quitter le Monaſtere de Beaumont avec un regret ſenſible de toutes ſes Religieuſes, elle ſe mit en chemin pour ſe rendre inceſſament à Monmartre, & toutes les Dames Religieuſes ayant êté averties de ſon départ, députerent deux des plus conſiderables pour aller au devant d'elle, & l'ayant jointe à Tours, elles ariverent à Monmartre le ſeptiéme Février de la même année, où elles la reconnûrent pour l'Abbeſſe de cette Maiſon.

Cette vertueuſe Dame n'êtoit que trop informée de tout ce qui s'êtoit paſſé dans ce Couvent par les bruits qui s'en êtoient répandus par toute la France, c'eſt ce qui luy fit prendre d'abord une genereuſe reſolution d'y remedier, & d'en arêter le cours. A cette fin elle choisit pour seconder ses desseins Catherine & Marie de Jesus, qu'elle distingua par le merite & la sainteté de leurs actions ; ces deux vertueuses sœurs étoient toute sa consolation, & elle y eut une entiere confiance, les voyant unies de cœur pour travailler de concert à la reforme de ce Monastere.

Neanmoins il y eut beaucoup d'obstacles & d'oppositions de la plufpart de ces Religieuses qui ne vouloient pas se soûmettre aux volontez de leur Abbesse, ny recevoir la reforme qu'elle vouloit établir.

Aprés avoir mis tout en usage pour leur faire connoître leur devoir, elle joignit son autorité & sa puissance à sa douceur & à sa moderation: elle établit de nouvelles Officieres, & distribua les Charges à celles qu'elle connoissoit être plus portées pour la reforme de ce Monastere, elle donna celle de Celleriere à Catherine, & celle de Maistresse des Novices à nôtre digne Mère Marie de Jesus: jamais Religieuse ne fut plus propre pour cet employ que Marie, elle engageoit toutes celles qui étoient sous sa conduite à suivre son exemple, faisant elle-même ce qu'elle leur enseignoit, avec une exactitude surprenante, elle consideroit toutes ses Novices comme autant d'arbrisseaux plantez proche le courant des eaux de la grace, qui devoient donner les aimables fruits de la vertu dans leur saison, elle n'omit rien pour les faire fructifier, elle en prit un soin tout particulier, & fit son possible pour les élever dans l'exercice de la regle qu'elles vouloient professer. Aussi vit-on en peu de têms revivre le veritable esprit de saint Benoist dans toutes celles qui y entrerent, & bien-tôt ce Noviciat fut le seminaire de toutes les vertus, & l'école de la perfection ; ces jeunes filles s'animoient les unes & les autres à qui seroit la plus exacte & la plus fidelle dans les exercices de la pieté; & cette bonne Mere travailloit de son côté nuit & jour à maintenir les reglemens qu'elle avoit receus des mains du Reverend Pere de la Cour Benedictin, dont les lumieres n'étoient pas moins éclattantes que sa vie: elle imprimoit dans le cœur de ces nouvelles épouses du Seigneur de l'affection, & du zele pour la pratique de leur Regle; & persuadée qu'elle étoit que l'essentiel de la Religion consiste dans l'obeïssance, le silence, & la retraite, elle inspira si heureusement cet esprit à ses Novices, qu'elles y furent exactes jusques dans les moindres choſes, & donnant de plus en plus des preuves de ſa ſage conduite, ſon Abbeſſe luy donna auſſi de plus en plus des preuves de ſon eſtime.

Et ayant dignement remply la charge de Maîtreſſe des Novices, elle la jugea capable de remplir parfaitement celle de Prieure, luy confiant même l'adminiſtration & le gouvernement entier du ſpirituel & temporel de cette Communauté, qui la regardoit comme un parfait modelle de ſainteté & de vertu dans toutes les actions & les démarches de ſa vie.

Ce ne fut pas ſans beaucoup

de repugnance que Marie accepta la Charge de Prieure; mais connoissant dans la volonté de sa Superieure la volonté de Dieu, qui vouloit disposer de sa personne pour maintenir cette Maison dans la reforme, elle se soûmit enfin à ses ordres; & on peut dire que personne ne s'est acquitté plus fidellement, ny plus saintement du devoir, & de l'obligation de sa Charge, que cette tres-digne Religieuse; & si je voulois donner l'idée d'une parfaite Superieure, je choisirois Marie dans la conduite judicieuse qu'elle a gardée dans cet employ, où elle a fait paroître une prudence merveilleuſe, une charité agiſſante, une humilité profonde, une douceur engageante, un zele infatigable, & enfin toutes les vertus les plus neceſſaires à une veritable Superieure, êtant dans cette Maiſon ce qu'eſt le Soleil entre les Aſtres, & n'y ayant perſonne qui ne reſſentît ſes bienfaits, & qui ne fût éclairée & échauffée par l'ardeur de ſes ſaintes inſtructions: ce fut dans ce têms-là que ſa ſœur Catherine paſſa de cette vie mortelle, pour aller jouïr de l'heureuſe eternité qui luy êtoit préparée.

L'honneur dans lequel elle êtoit élevée ne changea point ſon inclination, elle ſe regarda l'inferieure de toutes les autres, & la ſervante de Jeſus-Chriſt dans les offices charitables qu'elle rendoit à ſes ſœurs; elle êtoit la premiere à faire ce qu'elle commandoit, la Regle & ſon exemple n'êtoient qu'une même choſe, & on n'avoit qu'à l'imiter pour remplir les devoirs d'une parfaite Religieuſe. elle joignoit à une gravité ſans affectation, ſoûtenuë d'une humble modeſtie, une douceur inſinuante, qui donnoit confiance à toutes ſes inferieures de luy découvrir tous leurs beſoins ſpirituels & corporels, auquels elle apportoit auſſi-tôt les remedes neceſſaires, pour la conſolation generale de tout le monde: on vit dans ce Monastere le service de Dieu rétabli dans sa premiere vigeur, la solitude, le silence dans les têms & les heures ordonnées; enfin ces chastes Vierges s'estimoient si heureuses qu'elles benissoient Dieu de ce qu'il leur avoit procuré Marie pour les conduire dans les voyes de leur profession & de leur salut.

Faut-il donc s'étonner si elle faisoit de si grands progrés, son cœur étoit pénetré des flâmes du saint amour, elle ne respiroit dans toutes ses actions que la gloire de Dieu, & l'avancement spirituel de ses sœurs; son intention êtoit pure, la passion ny l'emportement n'y avoient point de part, & comme on êtoit persuadé de la droiture de sa conduite, il n'y avoit aucune Religieuse qui ne fût touchée de ses avis, édifiée de ses entretiens, consolée de ses conversations.

Nohobstant ces grandes occupations qui ne luy donnoient aucun repos, elle ne s'oublioit pas elle-même, elle mênageoit toûjours le têms de ses prieres & de ses oraisons, & redoublant de têms en têms ses austeritez, elle immoloit son corps au Seigneur comme une victime vivante, en portant, comme dit l'Apôtre, la mortification de Jesus Christ crucifié sur sa chair, afin de reparer dans sa personne la negligence, & le relâchement qui pouvoit être échappé dans les autres, attirant de la sorte une infinité de graces & de benedictions sur cette Maison, qui est aujourd'huy dans l'odeur de cette haute vertu, dont elle est redevable aux soins & aux prieres de cette incomparable: ayant travaillé si glorieusement, & si heureusement à la reforme de ce Monastere, elle remit la Charge de Prieure entre les mains de son Abbesse; ce n'êtoit pas qu'elle voulût éviter le travail, mais elle vouloit, disoit, elle-penser dans

cette

cette retraite plus ſerieuſement à ſon ſalut.

Cette illuſtre Abbeſſe qui avoit une conſideration toute ſinguliere pour elle, eut toutes les peines du monde à y conſentir, neanmoins vaincuë par ſes prieres, elle accepta ſa demiſſion, luy donnant le têms de reſpirer, & de vivre dans la ſoûmiſſion & dans la dépendance, où elle ne marquoit pas moins d'empreſſement d'obeïr, que les autres en ont de commander.

Mais comme les honneurs cherchent ceux qui les fuient, & qu'ils ſont inſeparables des ames qui les mépriſent, quoy qu'elle fit tout ſon poſſible pour cacher l'éclat de ses vertus & de ses perfections, cet humble changement ne servit qu'à luy attirer l'estime de tout le monde, & à la faire rechercher de tous ceux dont le merite n'étoit pas moins connû que la vertu, & qui prenant un sensible plaisir dans ses saintes & utiles conversations, la visitoient de têms en têms pour profiter des exemples de sa pieté & de sa devotion.

Ce fut cette estime que tout le monde avoit conceuë de son rare merite, & cette connoissance parfaite qu'on eut de sa sage conduite dans l'établissement de la reforme dans le

Monaſtere de Monmartre, qui fit qu'on la retira pour la faire entrer dans celuy des Religieuſes Auguſtines Penitentes de Paris, pour y conſerver & y maintenir la diſcipline Religieuſe dans l'êtat où nous la voyons aujourd'huy.

De l'établiſſement & origine des Religieuſes Auguſtines Penitentes de Paris.

PLuſieurs celebres Auteurs parlent diverſement dans leurs Annalles de l'origine & fondation de ces bonnes Religieuſes. Les uns diſent qu'elles ont été établies dans un

Monaſtere hors les portes de Paris fondé par Saint Louïs Roy de France, lequel fut raſé dans la ſuite par l'ordre & le commandement du Prevôt des Marchands de cette Ville, à cauſe de la guerre des Anglois qui en faiſoient leur retraite, de ſorte que les faiſant venir dans la Ville, on leur donna une Maiſon pour y vivre ſelon l'eſprit de leur Regle, & de la Religion qu'elles profeſſoient.

D'autres veulent qu'elles ayent poſſedé le Couvent de ſainte Aure à Paris, où ſont maintenant les Bernabites, & qu'elles en ayent tiré leur orige, mais que toutes ces bonnes Religieuſes furent diſperſées dans des Maiſons particulieres aprés le decés de leur Abbeſſe.

Il y en a même qui prétendent qu'elles commencerent l'an 119. & qu'elles occuperent l'Abbaye de ſaint Antoine, fondée & bâtie en ce têms-là par l'Evêque Maurice, mais comme nous n'avons aucune preuve de cet établiſſement, je m'arêteray à ce qu'il y a de plus certain, ſuivant les Annalles de ce Monaſtere, & les memoires qui m'ont êté donnez ; dont je remarque qu'en l'année 1493. Charles VIII. Roy de France ayant receu du Ciel les fruits de ſon mariage par la naïssance d'un Dauphin; sa Ma esté tres-Chrêtienne commença d'abord à luy procurer une seconde naissance par le Baptesme, & à le faire enfant de l'Eglise.

On ne parloit alors que de la vertu & des riches talens du Reverend Pere Jean Tisserant Religieux de l'observance de saint François, le Roy êtant informé de son merite & de sa vertu, l'attira auprés de sa personne. Ce saint homme preschoit avec tant de succés, qu'un grand nombre de personnes de differents sexes, distinguées par leur qualité, & par leur vertu, vinrent le trouver, luy protestant qu'elles vouloient servir Dieu le reste de leur vie, & qu'elles s'abandonnoient à sa conduite sous laquelle elles vouloient vivre, afin de profiter de ses conseils.

Il se trouva plus de deux cent Damoiselles qui prirent cette genereuse resolution, lesquelles il offrit à Dieu comme autant de victimes innocentes.

Il ne s'agissoit plus que de leur trouver un établissement propre pour la vie penitente qu'elles avoient dessein d'embrasser d'une maniere moins rigoureuse que les autres Communautez, qui n'étoient alors qu'au nombre de deux dans Paris, celle des Filles Dieu, & de l'Ave Maria.

Ce n'êtoit pas une mediocre difficulté de reüssir dans son entreprise. Quelque dot que pussent apporter les plus riches, il s'en trouvoit toûjours de moins aisées, qui excitées de leurs exemples vouloient embrasser leur party ; ce bon Religieux ayant plus d'égard à la sainteté de leur vocation, qu'aux moyens absolument necessaires pour la soûtenir, se vit chargé de plusieurs filles sans un fonds suffisant pour les nourir & les entretenir ; cependant il fonda toutes ses esperances sur le secours de la Providence, qui ne manque pas de seconder les ouvrages de la grace, il leur trouva une

Maiſon particuliere dans laqu'elle il les aſſocia en Communauté, où elles vivoient d'une exactitude angelique ſous la Regle de Saint Auguſtin, pluſieurs mêmes pour s'attacher à Jeſus-Chriſt & à ſa croix par des liens plus indiſſolubles, firent entre ſes mains des vœux de Religion.

Et c'eſt icy où je dois éclaircir une illuſion populaire ſur le nom de Penitentes, que ce bon Religieux leur voulut impoſer, & ſur la devotion ſinguliere que ces bonnes filles ont toûjours conſervée pour Magdeleine penitente. On a crû ſur la bonne foy du vulgaire & du nom, qu'on ne pouvoit être penitent en Religion sans avoir été un grand pecheur dans le monde, & qu'on ne pouvoit avoir une singuliere devotion pour Magdeleine penitente, sans avoir auparavant suivy Magdeleine pecheresse, comme si la vie du Chrêtien ne devoit pas être une perpetuelle penitence, & comme si le nom de penitent n'étoit pas le nom d'un Ordre Religieux tout entier, où des enfans innocens se sont consacrez pour imiter Jesus-Christ, qui tout innocent qu'il étoit a voulu être le premier & le plus illustre des penitents, établissant son royaume dans les douleurs, faisant son sceptre & son trône de la croix, comme son diadême des épines.

Afin donc de lever cette illusion simplement fondée sur le nom, & de rendre justice à une Communauté si celebre dans Paris, je dirois que le nom de Penitentes qu'elles conservent encore aujourd'huy, leur fut imposé par ce Reverend Pere, en considération des changemens qu'elles firent d'une vie douce & délicieuse, telle qu'est celle de la plus part des filles de qualité dans le monde, tant soient-elles vertueuses, à la vie austere qu'elles embrasserent si genereusement dans sa nouvelle Religion ; & si elles ont conservé une devotion si singuliere pour Magdeleine penitente, qui ne voit que des épouses de Jesus-Christ aussi attachées à ses douleurs & à sa croix, ne pouvoient se dispenser d'avoir une devotion singuliere pour celle qu'on nomme l'amante de Jesus-Christ, & qui s'attacha si fidellememt à sa croix au moment que tout le monde sembloit l'abandonner.

Aprés cette legere digression, je reviens à l'êtablissement de cette Communauté Religieuse dite Penitente, elle êtoit si nombreuse que la plus grande partie ne subsistoit que par les aumônes, c'est pourquoy ce Reverend Pere, dont la prudence s'appliquoit à leur ménager un fonds plus ſeur, ſe ſervit de l'accés qu'il avoit auprés du Roy, pour le faire heureuſement ; il alla trouver ſa Majeſté à Montil lez-Tours, & luy demanda la permiſſion qu'elles puſſent s'êtablir & demeurer dans Paris ſous ſon autorité & ſa protection , ce qu'il leur acorda, & fit expedier les Lettres Patentes le 14. Septembre l'an 1496. & de ſon Regne le 14.

Il paroît même par les actes de leur êtabliſſement qu'il s'en déclara le Fondateur , quoy qu'il ne leur fit alors aucun don, ayant beſoin de ſes finances pour faire ſubſiſter ſon Armée qui êtoit en campagne, pour conquerir les Royaumes de Naples & Sicile.

Si-tôt que ce venerable Pere eut receu l'agrément & la permission de sa Majesté, il eut recours à sa Sainteté pour autoriser cette Congregation, & en obtenir les Bulles necessaires.

Il en confera avec Messire Jean Simon pour lors Evêque de Paris, le cinq de ce nom, & 101. de cette Catêdrale, & qui par les graces & liberalitez qu'il a faites à ce Monastere, peut en être estimé comme Fondateur, & ayant tous deux convenu de dessein, ils exposerent au Pape, qui êtoit alors Alexandre VI. le consentement du Roy ; ce saint Pere répondit à leurs desirs, & leur envoya sa Bulle qui contient la communication de tous les privileges accordez au Monastere de l'Ordre de saint Augustin, leur permettant de bâtir un Couvent dans Paris, qu'il approuvoit & confirmoit par son autorité Apostolique, les rendant participantes de toutes les graces, faveurs, Indulgences, exemptions, indults dont joüit cet Ordre par concession des Souverains Pontifes ses predecesseurs, autorisant tout ce que l'Ordinaire feroit & ordonneroit pour ce sujet, il donne même pouvoir à l'Evêque dans cette Bulle de faire élire une d'entre elles pour Superieure par voix de ſcrutin, ſuivant la coûtume qui s'obſerve dans les élections Canoniques qui ſe font dans les Ordres & Communautez Religieuſes; ce Bref eſt datté du 14. Octobre 1497. la ſixiéme année de ſon Pontificat, & il fut envoyé directement à l'Evêque Jean Simon, que ces bonnes filles reconnûrent pour leur legitime & veritable Superieur, ainſi qu'il eſt porté par la Bulle, êtant les premieres qui ont eu l'honneur d'être ſous ſa protection, auſſi-bien que ſous celle de tous ſes ſucceſſeurs, d'où paroît évidemment l'erreur de ceux qui ſans avoir

avoir aprofondi tous les Titres de la Fondation de cette Communauté comme j'ay fait, ont ignoré cette Bulle d'Alexandre VI. qui justifie que la vertu, & non pas le vice en est le fondement, & qui fait tout le denoüment de cette illusion populaire dans laquelle on a trop simplement donné sur le nom de Penitentes.

Aprés cette confirmation autentique, cet illustre Prelat assisté du venerable Pere Tisserant, appliqua tous ses soins pour placer ses filles spirituelles dans un lieu favorable & commode, suivant la permission que le Roy leur en avoit donnée l'année precedente, & obtint de sa Majesté des Lettres de faveur en vertu desquelles, il pouvoit implorer le secours, & la charité des personnes de pieté dans toutes les villes & lieux de son obeïssance pour la subsistance de cette nouvelle Maison.

Le Duc d'Orleans se declara leur Fondateur, ayant succedé à la Couronne, qui fut nommé Louïs XII. Le Pere Tisserant qui ètoit dans une grande estime & veneration auprés de ce Prince, le solicita avec empressement de luy donner pour ces bonnes filles, qui ètoient au nombre de plus de deux cens, une Maison où elles pussent être toutes retirées pour y faire l'Office divin, & s'occuper à l'exercice de leur Regle ; le Roy ſecondant les juſtes deſſeins de ce vertueux Religieux, donna à cette nouvelle Congregation l'Hôtel de Bagnance, appelé autrefois le ſecours de Flandre, qu'il avoit acquis de ces Anceſtres, qui ſe nomme aujourd'huy l'Hôtel de Soiſſons, avec les galeries, jardins, préaux & fontaines, afin de bâtir un Monaſtere commode pour la demeure de ces Religieuſes, ainſi qu'il eſt porté dans les Lettres Patentes & anciennes Archives.

L'autre partie de l'Hôtel fut donnée par gratification du Roy au Sieur Robert de Franzele Seigneur de Vergy son favory, & comme il êtoit de la derniere consequence que ces Religieuses fussent proprietaires de toute cette Maison, pour n'être pas exposées aux grands inconveniens qui naissent ordinairement de ces sortes de partages, elles prirent resolution d'envoyer à Lyon, où ce Seigneur êtoit avec toute la Cour, pour ménager avec luy l'achapt du reste de cet Hôtel qu'il possedoit, & députerent pour ce sujet Monsieur Jean du Sablon leur premier Confesseur, chargé d'une procuration signée de dix-huit des principales de leur Communauté, la convention en fut bien-tôt faite, & le contrat d'achapt en fut ſigné par les parties devant les Nottaires de Lyon, l'an 1499. moyennant la ſomme de deux mille écus d'or couronné, & le Roy êtant de retour approuva cet achapt le 16 Juin de la même année, auquel contrat l'Evêque Jean Simon écrivit, & ſigna l'amortiſſement de cet Hôtel le trente-un Mars 1500. & il fut depuis enregiſtré dans la Chambre des Comptes le 5. May de la même année, à la charge qu'elles diroient un *De profundis.* avec l'Oraiſon *Inclina, &c.* pour le repos des Ames des défunts Rois ſes predeceſſeurs, ce qu'elles continuënt encore aujourd'huy à la fin de la Messe Conventuelle.

Sa Majesté par une pieté toute Chrêtienne multipliant de jour à autre ses bien-faits pour l'entretien de cette nombreuse Communauté, les voulut mettre sous sa protection, & leur donna des Lettres Patentes l'an mil cinq cens quatorze, de sauve-grade gardienne, franc salé & droit de C*ommittimus*, ce que tous les autres Rois ses successeurs ont confirmé.

Ces bonnes Religieuses êtant dans cette paisible & entiere possession, ne penserent plus qu'à se bien êtablir, & à rendre ce Monastere commode, pour y ſervir Dieu ; & l'Evêque contribuant à leur avancement, ordonna qu'on feroit élection d'une Superieure tous les trois ans par voix de ſcrutin, que leur habit ſeroit uniforme en ſa façon & en ſa couleur, & qu'il ſeroit blanc auſſi bien que leur voile, qu'elles auroient un lieu particulier qui ne ſerviroit qu'à chanter l'Office divin, de plus qu'elles choiſiroient des Freres Quêteurs, qui demeureroient hors de la clôture, pour receüillir les aumônes & charitez, & feroient leurs vœux à la grille aprés leur année de probation entre les mains de la Mere Superieure & du Confeſſeur de la Maiſon; il diſtingua même de qu'elle étoffe ils ſeroient habillez, & fit pluſieurs autres reglemens neceſſaires pour le bon ordre & la diſcipline reguliere de ce Monaſtere, leſquels furent obſervez de toutes les Religieuſes avec une exactitude & une fidelité inviolable.

Voilà quels ont êté les premiers fondemens de cette Congregation, & le premier êtabliſſement de ce Monaſtere des Religieuſes Auguſtines Penitentes de Paris, aprés lequel le Reverend Pere Tiſſerant voyant le troupeau de Jeſus-Chriſt dans un lieu de ſeureté, ſous la protection & ſous la conduite de leur bon Pasteur, s'en retourna dans son Couvent de Lyon, où il mourut comme il avoit vêcu: nôtre illustre Evêque le suivit de bien prés pour participer à sa couronne, passant de cette vie perissable à celle de l'eternité, bienheureuse le 13. Decembre mil cinq cens deux.

Ces vertueuses Religieuses ne demeurerent pas long-têms orphelines & sans protecteur; la Providence leur procura Monsieur Etienne Poucher, successeur de Messire Jean Simon à l'Evêché de Paris, qui s'appliqua avec une vigilance digne d'un grand Prelat à la perfection de ce Monastere, duquel il étoit Superieur, il leur donna des marques d'une forte affection, & fit faire plusieurs visites, dressa de nouveaux reglemens, lesquels ne contiennent que ce qui regarde l'uniformité des ceremonies du Chœur, de l'Office divin, & de l'administration des Sacremens; le Roy le nomma à l'Archevêché de Sens à cause de son merire, en 1519. & François Poucher son neveu fut nommé en sa place à l'Evêché de Paris, lequel ne marqua pas moins de zele pour les interêts de ces bonnes filles que ces predecesseurs.

Jean du Bellay Cardinal, voulant aussi concourir à leur

avantage, leur fit donner une Ferme dépendante de Goneſſe, appeléeBouquevalle, qui êtoit d'un grand revenu, mais elles n'en jouïrent pas long-têms, parce qu'il y eut oppoſition de la part des habitans.

Cependant ce Monaſtere êtant ainſi étably, devint ſi conſiderable & dans une ſi haute eſtime, que le bruït s'en répandit dans pluſieurs Provinces du Royaume, & aprés avoir édifié tout Paris par leur vertu & leur exemple, on tira de ce Couvent une partie de ces vertueuſes Religieuſes pour faire de nouveaux êtabliſſemens dans les villes les plus floriſſantes de la France.

François I. qui avoit ſuccedé à la Couronne par le decés de Louïs XII. les mit auſſi ſous ſa protection, & confirma tous les dons, privileges, & immunitez que ſon predeceſſeur avoit acordé à ce Monaſtere, il les viſitoit ſouvent, & faiſoit de leur Egliſe une retraite à ſes devotions.

Henry II. qui le ſuivit n'eut pas moins d'inclination pour cette Maiſon que ſes predeceſſeurs, il augmenta ſes revenus de pluſieurs bienfaits qu'il fit prendre ſur ſa recete, & la favoriſa d'un revenu d'un Prieuré de cinq cens livres de rente, il confirma tous leurs privileges, prérogatives, franchiſes, immunitez & autres dons, ordonnant par ſa Lettre Patente du 6. Mars 1556. qu'elles ſeroient exemtes de toutes tailles, impôts & ſubſides, de quelque maniere que ce fût, ainſi qu'en ſont exêmts les quatre Ordres Religieux mandians, & l'Hôtel Dieu de Paris, dont elles joüiſſent encore aujourd'huy.

François II. Charles IX. & Henry III. ſes Succeſſeurs donnerent également à cette Communauté de puiſſantes marques d'eſtime par leurs liberalitez.

Henry IV. voulut la prendre ſingulierement ſous ſa protection, & fit l'honneur à ces

Religieuſes de les viſiter les premieres aprés ſon entrée dans Paris, il les viſitoit ſouvent pour les gratifier de ſes liberalitez, comme elles l'édifioient par leurs exemples.

Louïs XIII. confirma tous les privileges de ſes predeceſſeurs, les exemtant de payer aucun droit d'entrée ſur le vin & ſur les autres choſes neceſſaires ; & parce qu'on differoit d'executer ſes ordres, ſa Majeſté donna des Lettres de juſſion l'an 1626. afin d'obliger ſes ſujets à y obeïr, & confirma à cette Maiſon l'octroy du franc ſalé, enregiſtré en la Cour des Aides le 24. May mil ſix cens vingt-huit.

Confirmées par Louïs XIV. nôtre invincible & religieux Monarque, qui les a souvent visitées, & qui a choisi même de leur Eglise pour y faire ses devotions dans le têms du Jubilé.

Telle a èté l'estime & la consideration qu'ont marqué tous nos Rois pour cette illustre Communauté, bien éloigné sans doute de ces erreurs vulgaires, qui arrachent par caprice, ou par ignorance l'honneur à qui il appartient, & qui par un vol sacrilege retient la verité captive dans l'injustice, mais si cet ètablissement s'est maintenu dans le bon ordre il n'a pas pû conſerver ſa premiere demeure.

Catherine de Medicis n'ayant point eu juſqu'alors de demeure qui répondît à la grandeur de ſa Cour, jetta les yeux ſur le Monaſtere de ces Religieuſes Auguſtines Penitentes, dont la vaſte étenduë luy ſembla propre pour la contenir, elle conſulta Pierre de Gondy Cardinal Evêque de Paris qui y conſentit.

On ôta donc l'an 1572. aux Religieuſes Auguſtines Penitentes ce Monaſtere qu'elles avoient poſſedé l'eſpace de ſoixante & quinze ans, pour les tranſporter dans l'Abbaye de ſaint Magloire en la place des Benedictins qui y étoient, & qu'on qu'on établit en même têms dans le Fauxbourg S. Jacques.

Cette Maiſon êtoit toute en débris & preſque ruinée, lors que nos Religieuſes y furent introduites, auſſi eurent-elles bien de la peine dans ce nouveau changement, il n'y avoit qu'un dortoir de dix cellules pour plus de quatrevingts Religieuſes, ce qui les obligea de ſe loger dans les greniers, où elles ſouffrirent des incõmoditez qui ne ſe peuvent croire, depuis 1572. juſques à 1616. de toutes parts; il pleuvoit dans ce Monaſtere, la foudre tomba ſur le clocher, les guerres & la peſte qui ſurvinrent les jetta dans une derniere déſolation; elles

BF

furent contraintes de faire de petites loges dans leur jardin ; où plusieurs moururent tant de necessité que de maladie ; reduites à cette extremité, elles firent en sorte de s'approprier tout ce qu'elles pouvoient recevoir de leur parens & amis, & ce qu'elles pouvoient retirer de leur travail, & des pensionnaires qu'elles recevoient dans leur maison, elles entroient même dans l'Eglise, & se mêtoient à l'œuvre pour recevoir les charitez, & les aumônes que les personnes de pieté leurs faisoient dans les jours des grandes Festes ; ce qui a donné lieu à quelques-uns de dire qu'elles sortoient de l'enclos de leur Monastere pour receuïllir les aumônes des fidelles.

Erreur qui se confond par la convenance qu'il y a entre les Religieuses qui quêtoient à l'œuvre, & ces Freres quêteurs dont nous avons parlé cy-dessus, qui quêtoient pour elles dans la Ville ; aprés cette reflexion, je reviens à mon sujet.

Pierre de Gondy touché de leur necessité causée par la calamité publique, voulut concourir à soûlager plus singulierement une Communauté si sainte, il leur fit pendant sa vie deux cens livres de pension, & affectoit d'acorder fort souvent à leur Maison des Pardons, & Indulgences pour y attirer la pieté & la charité des fidelles.

Il ne reſtoit plus pour l'établiſſement des Religieuſes dans l'Abbaye de ſaint Magloire que le conſentement du Roy, on l'obtint aiſément, & il autoriſa ce changement dans l'année 1572. omologué en Parlement, Chambre des Comptes, & Cour des Aides le dernier jour Septembre 1573. declarant par ſes Lettres Patentes, qu'il les plaçoit dans le Monaſtere de ſaint Magloire avec promeſſe de les recompenſer de la perte qu'elles faiſoient, à cauſe des grandes dépenſes qu'elles avoient faites dans leur premiere demeure, & leur donna pour les indemniser trois mille livres de rente, dont elles joüissent encore aujourd'huy: sa Majesté confirma tous les dons de ses predecesseurs, & ordonna au Prevôt des Marchands & Echevins de Paris de leur donner une fontaine, dont elles joüissent encore tranquilement en consequence du contrat d'échange.

De plus il leur donna le pouvoir par ce même contrat confirmé par l'Evêque, de faire administrer les Sacrements à tous leurs domestiques, & de les faire enterrer dans leur Maison, sans qu'on pût les inquieter sur ce Privilege, ce qui s'est justifié à l'occasion d'un Curé de Paris, qui prétendant soûtenir ses drois ordinaires, fut débouté par Sentence de l'Official, & condamné aux dépens le 29. Decembre 1662.

Neanmoins avec tous ces grands avantages, la perte qu'elles faisoient étoit grande, parce qu'elles quittoient une Maison nouvellement bâtie, qui avoit de grandes commoditez, tant pour nourir des bestiaux, que des grands revenus qu'elles faisoient de leurs jardins, cours, fontaines, elles blanchissoient & avoient des lieux propres pour tenir un nombre de Pensionnaires de la premiere qualité, dont elles retiroient un revenu conſiderable.

Ce n'eſt pas que la Maiſon dans laquelle elles entroient n'eût été tres-conſiderable par ſon antiquité ; les Benedictins la poſſedant depuis quatre cens trente-quatre ans qu'ils y avoient été inſtallez par l'Ordre de Louïs le jeune Roy de France ; ce n'étoit qu'une Chapelle appellée de ſaint Georges, laquelle avoit été fondée par Hugues Capet hors Paris en 975. mais elle fut bien-tôt changée dans un celebre Monaſtere, & dans une magnifique Egliſe par les grands biens que le Roy Lottaire y anexa à la ſolicitation d'Hugues Capet.

De l'entrée de Marie Alvequin dans l'Abbaye de S. Magloire en qualité de Superieure.

IL n'eſt point de corps politique, phyſique, ny moral qui ne reſſente de l'inconſtance des têms, & qui ne tombe par une naturelle pente dans quelque ſorte de décadence : la fureur des guerres avoit produit ſes effets, auſſi bien dans les Maiſons Religieuſes, que dans la conduite de l'Etat, & les Filles Auguſtines dites Penitentes s'êtoient reſſenties de la diſgrace publique, il falloit quelqu'unes de ces ames extraordinaires pour relever leur courage, ranimer leur langueur, & les consoler des pertes soit temporelles, soit spirituelles qu'elles avoient faites par les desordres de la guerre.

Monseigneur l'Eminentissime Henry de Gondy Cardinal de Rets, successeur de Pierre de Gondy, sensiblement touché de cette décadence, se proposa d'apporter les remedes necessaires pour le rétablissement de ce Monastere, duquel il prenoit un soin tres-particulier par une charité toûjours agissante, & une vigilance pastorale; & aprés avoir déliberé des moyens qu'il devoit prendre, il resolut de choisir une perſonne Religieuſe de quelque autre Maiſon, qui fût d'une ſainteté & d'une experience conſommée, pour l'établir Superieure dans ce Monaſtere.

L'éclat & le bruit des rares qualitez de Marie Alvequin faiſoit l'entretien des plus illuſtres & devots perſonnages de ſon têms, on ne parloit par tout le Royaume que du bon ordre, & de l'êtroite reforme de l'Abbaye de Monmartre.

Monſſieur le Cardinal de Rets parfaitement informé de ſon merite, & des precieux talens que le Ciel luy avoit confiez pour gaigner les cœurs par ſa douceur, ne balança point ſur le choix qu'il en devoit faire, pour luy donner la conduite de ce Monaſtere, il la ſolicita de quitter celuy de Monmartre pour entrer dans celuy des Religieuſes Auguſtines Penitentes en qualité de Superieure.

Cette vertueuſe Mere ſupplia ſon Eminence de l'en vouloir diſpenſer, & de jetter les yeux ſur d'autres perſonnes plus experimentées qu'elle Cette honnête défaite ne fit qu'augmenter le deſir de cet illuſtre Prelat, & confirmer la bonne opinion qu'il avoit conceuë de ſa ſainteté & de ſon merite, c'eſt pourquoy il la preſſa avec plus d'inſtance, & cette digne Religieuſe s'aveuglant à ſon autorité, ſe rendit à ſes fortes raiſons, & quitta cette Maiſon, dans le ſein de laquelle elle êtoit conceuë & née dans la Religion, pour entrer dans celle des Auguſtines Penitentes, accompagnée de ſept Religieuſes remplies de vertu & de merite, le deuxiéme Juillet 1616.

Quelques diſpoſitions qu'on puiſſe trouver dans les eſprits, jamais les changemens & les reformes ne ſe font ſans beaucoup d'obſtacles & de difficultez ; car quoy qu'il s'en rencontre dans les Communautez qui ſoient portées d'elles-mêmes à la vertu, il s'en trouve toûjours quelques particulieres dans un ſi grand nombre qui ont de la peine à ſe ranger à leur devoir, & à s'acquitter de leur obligation.

Marie Alvequin fut donc établie en qualité de Supetieure, par l'autotité de Monſeigneur Henry de Gondy; à peine eût-elle le gouvernement de cette Maiſon, qu'on y remarqua un notable changement; & comme elle avoit receu de Dieu la prérogative de gaigner les cœurs, elle ſceut ſi adroitement tourner leurs eſprits s'accommodant à leur humeur, qu'elles ſe ſoûmirent preſque toutes à ſes volontez, & reprirent le premier eſprit de leur Regle & de leur profeſſion, par lequel toutes choſes devoient être miſes en commun ; & celles qui y avoient plus de repugnance & de difficulté, furent bien-tôt ſoûmiſes par ſes ſaintes exhortations; il n'y en eut que ſept qui ſortirent de ce Monaſtere, ne voulant point accepter la reforme, & on leur donna pour penſion pendant leur vie cent cinquante livres, & on leur procura de petites Maladeries, Prieurez & Hôpitaux.

D'abord Marie de Jeſus commença par l'établiſſement d'une reguliere Communauté, en mettant tout en commun, ſoit les aumônes, ſoit les meubles & autres commoditez que les Religieuſes avoient receu de leurs parens, & chacune ayant ce qui luy êtoit necessaire, elle employa le reste à payer les debtes de la Maison, qui pouvoit honnêtement subsister par les charitez, qui provenoient des quêtes.

Le bon ordre qu'elle avoit êtabli inspira à plusieurs personnes de pieté de concourir à son zele, & un nombre considerable de Dames de qualité desirant de quitter le monde, attirées par sa rare vertu, luy firent des dons considerables en entrant dans ce Monastere, il y eut même plusieurs femmes veuves qui luy offrirent dans cette nouvelle reforme des sommes d'argent considerables;

mais comme elles deſiroient y être admiſes, à condition qu'elles entreroient & ſortiroient du Monaſtere quand il leur plairoit, & qu'elles y demeureroient autant de têms qu'elles ſouhaiteroient, cette vertueuſe Mere ne le jugea pas à propos, & les remercia de leur bonne volonté, leur faiſant connoître que le monde, & la religion ne s'accommodoient pas enſemble, ſi bien que la cloſture y étoit exactement obſervée, & qu'il n'y avoit rien de mieux conduit que ce Monaſtere.

Juſqu'alors ces vertueuſes Filles n'avoient porté que le Voile blanc, qui leur avoit été donné né par l'Evêque Jean Simon au commencement de leur établiſſement, qui fut comme nous avons déja remarqué l'an 1497. cette digne Mere leur fit prendre le Voile noir un an aprés qu'elle fut entrée dans cette Maiſon, en ayant obtenu la permiſſion de ſes Superieurs, ce qui fut accepté des Religieuſes, qui par cette diſtinction avoient plus de conformité à celles des Ordres les plus reguliers.

Il y en eut cependant quelques-unes qui le trouverent étrange, & qui eurent peine à s'y ſoûmettre, mais cette bonne Mere les ſouffroit avec patience, ne les inquiétant point,

& n'uſant d'aucune rigeur, ny d'aucune autorité avec elles, au contraire, plus elles luy reſiſtoient & s'oppoſoient à ſes ſentimens, plus elle leur témoignoit de tendreſſe & d'affection, diſant ſouvent dans le plus fort de leur reſiſtance; L'aiſſons-les faire, Dieu les touchera, & les fera changer de ſentiment; en effet ſa douceur les jettoit ſouvent dans la confuſion, & les faiſoit tellement rentrer en elles mêmes, qu'elles venoient ſe jetter à ſes pieds, ſe ſoûmettant à tout ce qu'elle deſiroit.

Toute ſa conduite êtoit tellement formée ſur l'eſprit de douceur de Jeſus-Chriſt, qu'-

ayant un Superieur dont le zele êtoit trop plein de feu, elle voulut bien que ses filles eussent recours à Monseigneur Jean François de Gondy, qui avoit succedé à nôtre illustre Cardinal, & qui fut le premier Archevêque de Paris, pour leur en donner un autre ; c'êtoit un homme qui eût voulu que toutes ces Religieuses se fussent tout d'un coup soûmises, ne suivant que l'emportement de son zele, & se servant de son autorité pour les y contraindre par la severité & la rigueur, ce qui causoit beaucoup de peine à nôtre Mere Marie de Jesus, à qui la douceur êtoit naturelle ; & qui sçavoit par experience que l'esprit des filles ne se gaigne qu'avec le têms & la patience, & non pas par la violence & la force, ce fut pour cela que ce prudent Archevêque leur donna Monsieur le Blanc son Official, c'êtoit un homme fort consideré du Roy pour sa rare prudence, singulierement estimé des Cours Souveraines par la droiture & l'integrité de ses jugemens; si respecté dans les sentences qu'il avoit portées, qu'il n'en donna aucune qui ne fût confirmée d'une commune voix, enfin c'êtoit un homme consideré chez tous les sçavans pour la profondeur de sa sçience & recherché universellement de tout le monde à cause de sa grande douceur & de ses rares lumieres pour la conduite des ames.

Vertus ce semble heriditaires dans sa famille, puisque nous les voyons aujourd'huy toutes, si heureusement réünies dans la personne de Monsieur Bongueret son tres-digne neveu, licentié en Theologie de la Faculté de Paris, Abbé Commendataire de l'Abbaye de saint Nicolas de Misceray, Seigneur de Mony, & venerable Doyen dans la premiere Cathedrale de France Nôtre-Dame de Paris, si recommandable pour la profondeur de sa doctrine, pour la sagesse de ses conseils, & pour tant d'autres rares qualitez parfaitement reconnuës d'un Prelat, aux lumieres duquel rien ne se peut dérober, & qui ne sont pas même inconnuës au plus grand Monarque du monde, qui luy a quelquefois confié le jugement, & la décision de certaines affaires de la derniere importance. Mais je n'en dis pas davantage, crainte de blesser la modestie d'un homme qui ne se voit pas, pendant que tout le monde l'admire, & singulierement les Dames Religieuses qui forment à present cette Communauté, & qui ont le bonheur d'être tous les jours éclairées de ses lumieres, consolées de ses pieux discours,

& édifiées de ſes rares vertus en qualité de leur Superieur.

Monſieur le Blanc êtant donc êtably Superieur de ce Monaſtere conceut une eſtime ſinguliere pour toutes ces Religieuſes, deſquelles il voulut prendre un ſoin particulier, & comme il êtoit perſuadé de la prudence & de la vertu de Marie, ils travaillerent de concert enſemble, & leur donna deux ſages & éclairez Confeſſeurs pour leur conſolation ſpirituelle, leſquels il entretenoit de ſon revenu, donnant à chacun 300. livres par an, pour ne point être à charge à cette Maiſon.

Nôtre incomparable Mere ſe

ſervoit d'un ſage & prudent artifice, pour faire rentrer en elles-mêmes celles qui s'éloignoient de leur devoir, & qui êtoient les moins traitables, ce qui arriva à légard d'une Religieuſe, fille d'un naturel ſi fâcheux & ſi opposé à l'obeïſſance, que ne pouvant la gaigner ny par les charmes de ſa douceur, ny par les menaces de ſa ſeverité, elle s'aviſa d'un nouveau ſtratagême qui paroîtra étrange à la délicateſſe des eſprits, qui ne ſçavent pas goûter les differentes voyes, dont la grace ſe ſert pour gaigner les cœurs les plus rebelles; elle engagea par ſon autorité quatre où cinq de ſes

Religieuſes contre leur inclination, de luy cracher au viſage, leur procurant par cette action ſi oppoſée à leur naturel, le moyen de pratiquer une heroïque vertu dans le merite de l'obeïſſance, pendant qu'elle en pratiqueroit une autre, en gaignant une ame dans l'exercice de ſa patience ; en effet cette pauvre fille ayant veû cette action, & reconnu la vertu, & la bonté de ſa Superieure, en fut ſi touchée qu'elle changea de naturel, & devint par là ſoûmiſe à ſes ordres.

Mais ſi nôtre vertueuſe Mere ſçavoit par la douceur gaigner les ames qu'elle connoiſſoit par un don ſingulier de diſcernement des eſprits, ne ſe pouvoir captiver que par cette voye, changeant de conduite ſelon la difference des humeurs ; elle paſſoit de la douceur à la ſeverité, à l'exemple de tous les Saints, qui tous pleins qu'ils êtoient de la charité du ſaint Eſprit, ne laiſſoient pas de ſe roidir contre les ames rebelles qui refuſoient de porter avec ſoûmiſſion & avec douceur le joug de Jeſus-Chriſt.

C'eſt ainſi qu'inſpirée par les differens mouvemens du ſaint Eſprit, ſelon les divers temperamens d'humeur, elle gaignoit à Dieu celles qu'il avoit confiées à ſa conduite, & toutes ces vertueuses filles reconnoissant que c'êtoit un coup de la main de Dieu de leur avoir donné cette incomparable Superieure; ne douterent plus que le saint Esprit n'eût presidé à un si digne choix.

Sous une aussi sainte conduite, cette Maison ne fut plus qu'une vertueuse école de vertu, & la douce paix qui y regnoit, & l'union parfaite qui êtoit répanduë dans tous les cœurs, êtoit un avant-goût de la paix & de l'intelligence qui regne parmy les bienheureux dans le ciel.

La douce odeur de ses rares vertus se répandant bien-tôt de toutes parts, plusieurs filles accoururent en foule pour participer à ce même bonheur, en ſe faiſant Religieuſes : ce n'êtoit pas l'interêt qui êtoit la regle de leur reception où de leur excluſion, mais la ſolidité de la vocation de Dieu, que cette pénetrante Mere reconnoiſſoit auſſi-tôt, êtoit le point déciſif de leur ſort, c'eſt ainſi qu'ayant reconnu les genereux motifs qui appelloient pluſieurs Poſtulantes dans ſa Maiſon, elle en admit un grand nombre ſans avoir d'autre veuë, que de donner à Dieu de fidelles ſervantes, & de donner à ſes bonnes Filles le partage d'un celeſte époux.

Et comme ce Noviciat devenoit plus considerable, & se grossissoit tous les jours, elle jetta les yeux sur la Reverende Mere Adrienne Colbert de la Trinité (tante de Messieurs Colbert & Camus) pour en avoir la conduite: cette bonne Mere êtoit une Religieuse d'un grand merite, dont l'éclat de ses vertus n'êtoit pas moins recommandable que sa naissance, toutes ses actions zelées pour le bien & l'avancement spirituel des ames êtoit une preuve d'une pieté solide & commencée, elle êtoit professe de l'Abbaye de saint Pierre de Reims, mais aspirant à une plus grande perfection par une plus reguliere observance, elle diſpoſa l'eſprit de ſes parens à ſouffrir qu'elle en pût ſortir pour ſe retirer dans l'Abbaye de Monmartre ſous la ſage conduite de Madame de Beauvilliers qui en êtoit Abbeſſe.

Marie de Jeſus & Adrienne Colbert êtoient inſeparables travaillant inceſſamment enſemble à maintenir le bon ordre qui regnoit dans cette Maiſon, où elle donna des marques d'une vie exemplaire, ce qui engagea nôtre digne Mere à la demander à Madame ſon Abbeſſe, lors qu'elle fut choiſie pour êtablir la reforme dans le Monaſtere des Religieuſes Auguſtines Penitentes, pour être la Maîtreſſe des Novices.

Cette angelique Superieure ressentoit une douleur & une peine inconcevable, lors qu'elle êtoit obligée de faire sortir & renvoyer quelques filles qu'elle ne jugeoit pas propres pour la Religion ; il falloit qu'elle se fit une extrême violence, & ce luy êtoit un supplice insupportable, lors qu'elle faisoit reflexion que celles qui retournoient dans le monde, êtoient en danger d'y faire un malheureux naufrage, & de s'y perdre, êtant bien difficile aprés avoir êté éclairées des lumieres du ciel, & avoir goûté les dons de Dieu, de pratiquer dans le sejour des faux plaisirs les rigeurs de la penitence, elle trembloit pour elles, lors qu'elle examinoit les occasions ausquelles elles seroient exposées de tomber dans le précipice, & elle ne pouvoit souffrir leur separation qu'en poussant des soûpirs, qui êtoient autant de marques évidentes d'un cœur blessé par les traits de la charité, elle les consoloit cependant du mieux qu'il luy êtoit possible, les exhortant de se souvenir des bons exemples & des vertueux sentimens qu'elles avoient conceus dans la Religion, afin de fuir les engagemens dangereux, & les mondanitez du siecle, elle ordonnoit à toute sa Communauté d'offrir leurs prieres,

&

& de redoubler leurs actions de pieté afin d'obtenir de Dieu les graces necessaires pour la consolation, & le salut de ses pauvres Filles.

Pendant tous ces avantages qui contribuoient au bien de cette nombreuse Communauté, & à l'interêt de toutes ces saintes Filles, nôtre vertueuse Mere eut un grand desir de leur faire prendre l'habit & le scapulaire minime, comme plus conforme à l'êtat Religieux qu'elles professoient, à la place de l'habit blanc qu'elles portoient ; elle députa leur Confesseur auprés de Monseigneur l'Archevêque pour obtenir la permission de ce changement, qui aprés plusieurs difficultez & un long retardement, se rendit à ses pressantes solicitations, & lüy acorda sa demande en mil six cens vingt sept, ce qui causa une joye universelle à toutes ces bonnes Religieuses, qui aprés quelque repugnance, entrerent enfin dans les sentimens de leur sainte & vertueuse Reformatrice.

De plus elle jugea à propos de faire dire Matines à huit heures du soir, quoy qu'on eût coûtume depuis la Fondation du Monastere de les dire toûjours à minuit, elle leur fit prendre aussi le Breviaire Romain, qui leur avoit été ordonné par les Reglemens que leur avoient laissez les Evêques Jean Simon & Etienne Poncher leur Superieur, au lieu de l'Office de la Vierge qu'elles recitoient seulement devant la reforme.

Elle leur fit aussi quitter la serge, & prendre le linge pour leur plus grande commodité, & ordonna qu'elles mangeroient de la viande les Lundis, ce qu'elle ne fit qu'aprés une judicieuse deliberation par le conseil de ses Directeurs, avec l'approbation de Monseig. l'Archevêque son Superieur; ensuite elle augmenta & embellit cette Maison de plusieurs bâtimens qui étoient necessaires pour le logement de ses Religieuses; car pour lors elles n'avoient encore ajoûté aux cellules que leurs avoient laissées les Religieux Benedictins, qu'un dortoir de dix chambres, qu'elles avoient fait construire de l'argent que leur donnoient leurs parens lors qu'elles vivoient en particulier.

Ayant ainsi êtably sa Maison d'une maniere commode, & se voyant quelque somme d'argent, elle entreprit en 16 7. de faire bâtir le dortoir du jardin, qu'elle acheva en peu de têms, ne se donnant aucun repos, jusqu'à ce qu'il fût dans sa perfection.

Ce dortoir êtant heureusement achevé, elle en fit accommoder tous les appartemens, & toutes les chambres; & fit mettre au milieu un Autel avec une figure de la Sainte Vierge donnée par la Reine Mere Anne d'Autriche, & luy donna le titre de Nôtre Dame de la Victoire, elle ordonna qu'on la portât en procession tous les ans le jour de l'Assomption pour marque de sa reconnoissance, attribuant à sa protection le succés & la consommation de cet ouvrage.

Au dessus de ce dortoir elle fit faire une grande allée commode aux Religieuses pour se promener dans les heures permiſes, où pour y reciter commodément en d'autres têms leurs prieres particulieres, elles pouvoient auſſi y faire leurs entretiens ſpirituels hors les heures du ſilence, & tout ne reſpirant que la devotion dont elle êtoit remplie, elle avoit répandu dans tous les endroits de ſon Monaſtere des traces de ſa rare pieté par les repreſentations, ſoit de nos plus touchans myſteres, ſoit des plus extraordinaires prodiges de ſainteté & de penitence dans les Images ſaintes, qu'elle y avoit placées.

Dans cette veuë, elle fit faire à un des bouts de cette grande allée une grotte de ſainte

Magdeleine, qui exprimoit sa douleur, & où elle paroissoit répandre des torrens de l'armes pour des pechez qui luy avoient été pardonnez, afin que ce souvenir engageât toutes ces vertueuses Filles à entrer dans la participation de ses rigueurs & de sa penitence, pour l'expiation des fautes les plus legeres & de leurs moindres imperfections ; & qu'à la veuë de cette divine amante, elles excitassent dans leurs cœurs les desirs de tendre à une plus haute perfection.

A l'autre extremité elle fit representer Bethanie où étoit la figure de Nôtre Seigneur,

& Magdeleine à ſes pieds ; là on voit cette ſainte pechereſſe qui recherche ſon divin medecin qui l'attiroit interieurement par ſa grace, & à qui elle donne des marques de ſon grand amour, par lequel elle merite le pardon de ſes pechez, voilà comme cette incomparable Superieure ſignaloit par tout ſa pieté

Et comme elle êtoit vivement penetrée des douleurs de la Paſſion du Sauveur, elle reſſentoit dans ſon eſprit & dans ſon cœur toutes les peines qu'il avoit endurées pour nous; & ſouvent on a remarqué, qu'elle ne parloit jamais des humiliations & des douleurs du Fils de Dieu, qu'elle n'en parût ſenſiblement touchée, & quoy que cette ſenſibilité exterieure commune à celles de ſon ſexe ne fût pas ſon caractere.

Dans cet eſprit tout penetré des douleurs du Fils de Dieu, elle fit élever un mont de Calvaire au bout du jardin, où ſes ſaintes filles avoient coûtume d'aller faire leurs exercices, & reciter leurs prieres ; on y voit la figure touchante de Jeſus mourant ſur la Croix pour les pechez du monde. Objet ſans doute capable de les exciter à compatir à ſes ſouffrances, & à ſe rendre participantes de ſa vie penible & douloureuse.

Cet esprit de douleur & de penitence sur la mort du Fils de Dieu êtoit si particulierement son caractere, que comme si elle n'eût pas voulu que la joye de sa Resurrection en eût émoucé les pointes, elle represente dans un des endroits de sa Maison Jesus Christ ressuscité, & de l'autre côté Magdeleine à qui il apparoît, & qui luy défendant de le toucher, insinuë par cette severité faite à sa plus fidelle amante, que les rigueurs de la mortification & de la croix sont toûjours sur la terre le partage de ses épouses, au milieu de la joye même de sa Resurrection.

C'eſt ainſi que cette venerable Mere formoit ſes Religieuſes dans cet eſprit de penitence, leur faiſant de ſçavantes leçons par ces veſtiges de pieté qu'elle expoſoit de toutes parts à leurs yeux.

Il ne manquoit plus à cette Maiſon ſi édifiante qu'un lieu particulier pour les Novices, bien-tôt elle trouva le moyen d'en édifier un par ſon œconomie, & ménageant les bienfaits & les charitez de quelques particuliers qui luy êtoient affectionnez, elle le fit mettre en êtat de ſervir en peu de têms.

Pendant qu'elle donnoit tout ſon travail & tout ſon têms à l'avancement de ce Monaſtere, ſans rien negliger de toutes ſes obligations Religieuſes, il arriva un accident à une de ſes Filles, qui luy fit connoître l'obligation que cette Maiſon avoit de celebrer la Feſte de ſaint Magloire, ce qui juſqu'alors avoit été negligé, & quoy que cette Egliſe fût dediée ſous le titre de ce grand Saint, ces bonnes Filles ayant embraſſé l'eſprit & la Regle du grand ſaint Auguſtin leur unique Tutelaire & Fondateur, ne penſoient nullement à ſolemniſer la Feſte de ſaint Magloire, mais Dieu qui ménage la gloire de ſes Saints réveilla leur zele par ce fâcheux accident.

Une Religieuſe de ce Monaſtere êtant occupée le jour de la feſte de ce ſaint Evêque à laver du linge auprés du puits, la poulie & le bois qui la tenoit s'êtant détachez luy casſerent le bras.

Marie informée de cet accident jugea auſſi-tôt que c'êtoit ſans doute un avertiſſement du ciel pour obliger toute la Communauté de rendre à l'avenir l'honneur qui êtoit deu à la memoire de ce ſaint Prelat en ſolemniſant ſa feſte, elle penſa qu'il ſeroit à propos de mettre ſa Maiſon ſous ſa protection particuliere, ainſi qu'elle y avoit été auparavant. Cependant cette digne

Superieure ne voulant pas s'en rapporter à elle-même, elle assembla les Meres discretes, ausquelles elle exposa sa pensée, qu'elles trouverent tres-judicieuse, & Monseigneur l'Archevêque en donna sa permission, ainsi ces Filles ont celebré depuis la feste de ce saint Evêque, comme de leur Patron & premier Titulaire de leur Eglise, duquel dans la suite elles eurent par un effet de la Providence de Dieu des Reliques verifiées & approuvées, qu'elles exposent tous les ans au jour de sa feste pour la rendre plus solemnelle.

C'est ainsi que nôtre digne Superieure n'omettoit jamais

rien de ce qui pouvoit contribuer à la gloire de Dieu en honorant ses Saints, dans lesquels elle avoit beaucoup de confiance, leur procurant tout l'honneur qui luy êtoit possible.

Elle avoit aussi une particuliere devotion à saint Nicolas Evêque de Myrhe, sous la protection duquel elle mit toute sa Communauté, elle fit faire une Chapelle en son nom & à son honneur : elle y fit mettre sa figure, & voulut qu'on l'invocât tous les jours pour les besoins de cette Maison, faisant chanter son Antienne & Oraison en reconnoissance de toutes les faveurs qu'elle avoit continuellement receuës par son intercession, ayant été preservée du feu, & d'autres accidens par ses prieres.

Elle apprit un jour que Madame de Monmartre faisoit faire l'ouverture des châsses des Saints Martyrs compagnons de S. Denis Apôtre de nôtre France, elle ne fit aucune difficulté de luy écrire & de luy en demander des Reliques, cette Abbesse luy en envoya une, qu'elle fit mettre dans un reliquaire d'argent doré, que l'on expose encore aujour'huy le jour de leur feste, pour exciter la devotion des fidelles.

En un mot on peut dire que cette illustre Mere fut également

ment la Fondatrice de la Maison temporelle, comme de la maiſon ſpirituelle ; puiſqu'ayant donné une nouvelle face à l'eſprit de Religion dans la conduite de toutes ſes Filles, elle donna auſſi une nouvelle face à tout le corps materiel du Monaſtere.

C'eſt ainſi que dans l'an 1644. aprés de groſſes dépenſes, Dieu ſecondant toûjours ſes grands & pieux deſſeins par des ſecours d'argent qui ne luy manquoient pas, l'on vit l'œconomie de l'Egliſe entierement changée & dans un bel ordre pour la commodité ſoit des Religieuſes, ſoit des ſeculiers qui la frequentoient.

Pour le bien faire comprendre, il faut sçavoir que le Chœur des Religieuses occupoit pour lors le lieu où l'on voit aujourd'huy le Presbytere de saint Leu : situation à la verité incommode pour les Religieuses, mais dont la peine étoit infiniment adoucie par la consolation qu'elles avoient de voir de leur place toutes les augustes ceremonies qu'exerçoient les Ministres des Autels dans les sacrez Mysteres ; ce qui faisoit que leurs ames s'attendrissant à la veuë de Jesus-Christ dans la main des Prestres, elles répandoient amoureusement leurs cœurs en la presence de leur celeste Epoux.

Il faut ſçavoir que le Maître Autel êtoit dans le lieu où eſt à preſent le Chœur des Religieuſes, & que du côté de l'Epitre êtoit une aſſez incommode Sacriſtie, joignant une Chapelle où eſt le monument d'un Curé de ſaint Leu, Abbé Commendataire de cette Abbaye; la figure ſe trouve encore aujourd'huy dans la Chapelle de la Vierge. Là Meſſieurs les Curez de ſaint Leu avec leur Clergé ſont obligez de venir tous les ans proceſſionnellement le jour des Rameaux y chanter le *Libera.* & le *De profundis* pour le repos de ſon ame.

Les reſtes venerables de l'antiquité de cette Eglise, qui consistent dans des figures, les unes d'une grandeur extraordinaire, vêtuës en habit de penitens, le casque en tête, & chargez de chaînes de fer, & les autres comme des enfans parfaitement bien faits, font voir au travers de leur ruine l'estime & la veneration qu'on avoit pour ce Sanctuaire, & deux tombeaux chargez de casques, d'armoiries considerables, d'Epitaphes magnifiques & d'autres antiquitez semblables, dont l'on ne voit que les fragments, font connoître que les personnes du premier rang choisissoient cette Eglise pour le repos de leurs corps aprés leur mort, y ayant ſouvent trouvé la douceur & la paix de leurs ames pendant leur vie. Là on voit encore l'Epitaphe du fameux Rocancour, qui a laiſſé un monument immortel de ſa pieté par la Fondation d'une Meſſe Conventuelle à perpetuité, & il n'eſt pas juſqu'à l'Egliſe de ſaint Leu même qui ne doive tirer la gloire de ſon antiquité, de l'antiquité de cette illuſtre Abbaye, puiſque ſes fondemens ſont édifiez ſur les terres que les Religieux de ladite Abbaye ont bien voulu ceder pour ſa conſtruction.

Mais je ne m'arête pas au détail & à la diſcuſſion trop

difficile d'une obſcure antiquité, je reviens à nôtre vertueuſe Mere, qui ſecouruë des charitez qui ſe répandoient avec profuſion dans ſon Egliſe, ſingulierement pendant le têms d'un Jubilé qui êtoit alors, & favoriſée d'un preſent magnifique de deux mille écus fait par Madame Filandre femme de chambre de la Reyne Mere Anne d'Autriche, êtablit enfin l'Egliſe, le Chœur, & la Maiſon dans le bel ordre que nous la voyons aujourd'huy.

Et c'eſt à ce ſujet que je ne puis m'empêcher de dire qu'il fait bon travailler pour les interêts de la Maiſon de Dieu, ce genereux remunerateur recompense toûjours par des graces signalées les bons offices qu'on luy a voulu rendre.

C'est ainsi que ce divin Epoux paya avec usure les soins empressez que sa fidelle servante marqua pour les interêts de sa gloire, en la favorisant d'une grace qui semble n'être reservée qu à luy seul, qui examine les cœurs & les pensées, luy accordant le don de discernement des esprits & de la pénetration des cœurs d'une maniere si singuliere, que rien ne pouvoit échapper à sa connoissance, comme nous verrons dans le Chapitre suivant.

Du discernement des esprits, de la pénetration des cœurs, de ses revelations particulieres, & de ses apparitions.

IL n'appartient qu'à Dieu de discerner les esprits, & de pénetrer le fonds des cœurs, c'est un secret qu'il s'est reservé & qu'il ne partage entierement avec personne, c'est pourquoy rien ne se peut cacher à sa lumiere, ny se dérober à sa connoissance; & comme il est par tout par son immensité, il voit & pénetre tout par sa sagesse infinie, il est le scrutateur des cœurs, il les ſonde & en développe tous les replis.

Ce n'eſt pas que par une communication de ſes perfections il ne faſſe couler quelque rayon de ſes divines lumieres dans l'eſprit de ceux qu'il veut éclairer, il l'éleve à un degré de connoiſſance ſurnaturelle qui luy eſt particuliere, mais toûjours bien differente de celle de Dieu, d'autant que le diſcernement de Dieu, s'êtend ſur tous les ſujets & ſur tous les objets, & que celuy de la creature eſt limité ſelon le plus ou moins de lumieres qu elle reçoit de luy : grace ſinguliere qui eſt, comme dit l'Apôtre, un don de Dieu à ces ames favorites qu'il veut honorer de la participation de ses connoissances, & que nous allons voir d'une maniere particuliere dans la personne de Marie de Jesus.

Dans l'année du grand Jubilé, qui étoit en 1625. il n'y avoit pour lors dans Paris que fort peu d'Eglises qui avoient des Stations, & comme l'on devoit se confesser & communier dans une de celles qu'on étoit obligé de visiter, les Religieuses Augustines Penitentes avoient quarante Confesseurs dans leur Eglise pour satisfaire à la devotion du public, & avoient aussi un Autel destiné pour la Communion des

Fidelles, & comme un des Confesseurs de la Maison êtoit allé conduire deux Religieuses choisies pour aller êtablir un Couvent en Loraine à la solicitation de Madame la Douairiere accompagnée de plusieurs Dames de pieté; son voyage ayant été plus long qu'on ne pensoit, on fut contraint d'en prendre un autre en sa place, & par un discernement particulier de Dieu, nôtre digne Superieure jetta les yeux sur un Prêtre qui êtoit natif de la Paroisse de saint Sauveur, nommé Jean Poincheval, dont les actions ont parû si exemplaires, qu'il a passé dans son têms en odeur de sainteté; il êtoit entierement consacré au service de Dieu dés l'âge de sept ans, & passoit les heures entieres à genoux sur les degrez de l'Autel les bras croisez en la méditation de nos plus augustes & terribles mysteres ; ses parens vouloient l'élever dans leur negoce, mais voyant que toute son application êtoit à la priere & à la lecture des bons livres, ils le laisserent aller au mouvement de la grace qui agissoit en luy, & comme ils n'êtoient point en pouvoir de le faire étudier, les Dames de la Paroisse travaillerent à son avancement, où il réüssit si bien qu'il se rendit capable du Sacerdoce, & remplissant son devoir avec une onction toute divine, il s'habitua dans l'Eglise de saint Sauveur, il êtoit dans la trente deuxiéme année de son âge, lors que Marie de Jesus le demanda à Monseigneur l'Archevêque qui le luy accorda: ce saint homme mena dans ce nouvel êtablissement une vie toute Angelique, & y resta l'espace de quarante ans sans jamais sortir de sa chambre que pour aller à l'Autel & au Confessionnal, & deux ou trois fois l'année pour visiter Monsieur l'Abbé Ollier son Directeur, Superieur de S. Sulpice Fauxbourg S. Germain, dont le merite l'a fait rechercher des ames les plus saintes pour leur conduite.

La reputation de Monsieur Poincheval s'augmentant de plus en plus tous les jours, la plus part des Dames de la Cour luy demanderent être sous sa direction pour les confesser une fois le mois, & d'y faire une retraite dans la même année, Louïs XIII. le demanda pour être son Confesseur, luy promettant qu'il ne se mesleroit d'aucunes affaires d'Etat, cependant il le remercia de l'honneur qu'il luy faisoit, aussi-bien que toutes ces Dames de la Cour : il êtoit d'un caractere si peu commun qu'il êtoit impossible de le voir sans être touché de devotion, il portoit sur son visage une innocence accompagnée d'une si ſainte modeſtie, qu'il charmoit ceux qui le regardoient, il mourut en 1665. 22. Janvier âgé de 72. ans, & aprés ſon decés, les Religieuſes d'un commun accord firent tirer ſon portrait qu'elles conſervent ſoigneuſement chez elle, dans l'eſperance que Dieu le manifeſtera un jour; il acourut tant de monde de toutes parts qu'on ne pouvoit l'enterrer, c'eſtoit à qui luy couperoit ſes cheveux & ſon habit, tant on avoit d'eſtime & de veneration pour luy.

Nous pourrons encore remarquer le diſcernement des eſprits qu'eut nôtre digne Mere chose dans les conversations secretres qu'elle faisoit à des Religieuses particulieres, elle les reprenoit des fautes dont elle ne pouvoit avoir aucune connoissance que par une illustration divine & celeste, ce qui les surprenoit tellement qu'elles demeuroient confuses avoüant même leurs foiblesses, desquelles elles se corrigeoient, excitant dans leur ame une nouvelle ferveur pour l'exercice de leur Regle.

Je ne puis passer sous silence ce qui arriva à l'égard d'une fille débauchée & de mauvaise vie, qui faisoit feinte de vouloir se retirer du monde & se donner à Dieu, afin de corrompre ſous ce ſpecieux & devot pretexte la pluſpart des jeunes Religieuſes de ce Monaſtere: quelques Religieux des plus celebres Predicateurs de Paris qui agiſſoient de bonne foy, & croyoient qu'elle avoit formé cette bonne reſolution, s'en mélerent, & luy preſenterent cette malheureuſe qui paroiſſoit avoir toutes les marques d'une parfaite converſion, mais qui couvoit dans ſon cœur ſon pernicieux deſſein & n'avoit qu'une apparence trompeuſe de pieté & de devotion pour ſe mieux déguiſer, ſi-tôt qu'on luy eut preſentée & qu'elle l'eut veüe, elle la refuſa ſans aucune raiſon, ſinon qu'elle

ne la trouvoit pas propre pour la Religion, & qu'elle ne pouvoit pas la recevoir ; mais la verité est qu'elle pénetra dans cet instant l'état déplorable dans lequel étoit cette miserable fille, & que Dieu luy fit connoître en même-têms la damnable & horrible intention qu'elle avoit de séduire ses Religieuses, venant plûtôt pour détruire que pour édifier, ce-qui fut reconnu peu aprés : cette malheureuse creature ayant été arêtée par la Justice pour des crimes & des impietez inconcevables, fut condamnée d'être brûlée toute vive ; c'est ainsi que par cette pénetration dont elle avoit un don particulier du ciel, elle preserva toute cette Maiſon de ce funeſte danger preſque inévitable, & qu'elle délivra ſes Religieuſes des ſuites malheureuſes qui en auroient été inſeparables ſi elle n'eût jugé & pénetré ſa pernicieuſe intention.

Jean François de Gondy êtant venu luy-même luy preſenter des Religieuſes Profeſſes d'un autre Ordre de la premiere qualité pour les mettre ſous ſa conduite, cette digne Mere luy faiſoit voir avec tant de force de qu'elle importance il êtoit de ne pas recevoir des Religieuſes d'un autre Ordre, que ſe rendant à ſon éloquence & à la force de ſes raiſons, non ſeulement il ne la preſſa pas davantage ſur cet article, mais encore il fit un Chapitre particulier dans les Conſtitutions de ſon Monaſtere, par lequel il défend expreſſément de ne point recevoir des Religieu ſes Profeſſes d'aucun Ordre étranger.

Combien de fois cette Mere éclairée répandant aux pieds des Autels ſon ame & ſon cœur devant ſon Dieu par la priere & l'oraiſon, pénetrée d'une lumiere celeſte, eſt-elle allée trouver pendant la nuit des Religieuſes dans leurs cellules au plus fort de leurs agitations, & preſque à demi-vaincuës par la violence des attaques du demon, pour les ſecourir au milieu de leur combat.

Combien de fois ces pauvres Filles ſurpriſes de la miraculeuſe pénetrarion de leur Mere ſe ſont-elles trouvées ſubitement fortifiées, ſoit par les ſecours de la grace qu'il ſemble qu'elle portoit toûjours avec elle, ſoit par la force de ſes diſcours qui répendant le calme & l'onction du ſaint Eſprit dans leurs ames, les faiſoit s'affermir dans l'appuy tout-puiſſant du bras de Dieu, qui ne les abandonneroit jamais.

Cet eſprit de pénetration ne ſe renfermoit pas dans les limites de ſon Cloître ; la grace dont le caractere eſt de ſe ré pandre comme une émanation du souveraïn bien se répandoit sur tous ceux qui avoient le bonheur d'aborder nôtre incomparable Mere. Les personnes d'une éminente sainteté & d'un rare merite qui la frequentoient plus communément, & tous ceux qui venoient conferer avec elle de leur conscience & des affaires les plus importantes de leur salut, êtoient obligez d'avoüer aprés les lumieres & les consolations qu'ils avoient retirées de sa conference, que l'esprit de Dieu residoit dans son cœur, & que les graces parloient par sa bouche.

Aussi faut-il avoüer que tout

ſe ſoûtenoit dans cette vertueuſe Mere ; un interieur majeſtueuſement édifiant répondoit merveilleuſement à la rare pieté qui êtoit dans ſon interieur, une taille mediocre ſoûtenuë d'un maintien grave, d'une modeſtie Angelique, & d'un air qui répandoit par tout la bonne odeur de Jeſus Chriſt attiroit inévitablement le reſpect & l'eſtime de tous ceux qui avoient le bonheur de la pratiquer.

Son eſprit élevé, accompagné d'une douceur toute celeſte la rendoit un objet d'admiration & de confiance aux plus grands hommes de ſon ſiecle, qui tous ſe faiſoient une douce conſolation d'entrer dans ſes conſeils, & de participer à ſes lumieres. Le Reverend Pere Gondrant ſi recommandable par ſa ſcience & par ſa rare pieté, General des Prêtres de l'Oratoire, Monſieur l'Abbé de Soluëres un des plus éclairez hommes de ſon ſiecle, Monſieur Charton grand Penitencier, Monſieur de Gamache ſon couſin germain Docteur de Sorbonne un des plus conſommé homme de ſon têms, Madame Zacharie qui depuis a êté Religieuſe ſous le nom de la Mere de l'Incarnation, & dont la vie extraordinaire la fait eſtimer bienheureuſe aprés ſa mort; enfin Monſieur de Berule cet homme consommé en vertu, & une infinité d'autres sortoient si édifiez de ses saintes conversations, & si convaincus de sa sainteté par les vives lumieres qu'ils en avoient receu, qu'ils avoüoient que sans doute l'esprit de Dieu reposoit sur son cœur, & que ce ne pouvoit être que de luy qu'elle recevoit ce don de pénetration, qui luy failoit leur découvrir des choses si secrettes & si particulieres dans la conduite de leur vie.

C'êtoit un spectacle digne des yeux des Anges que de l'avoir dans les entretiens, lors qu'elle parloit de Dieu, & de nos sacrez mysteres; les flames du divin amour qui ſe répandoient ſur ſon viſage, qui brilloient dans ſes yeux; & qui pour ainſi dire s'exhaloient par ſa bouche, luy faiſoitẽ dire des choſes ſi ſublimes & avec tant de netteté, que les plus habiles Theologiens euſſent été fort en peine de le pouvoir faire avec autant de profondeur & d'évidence; mais falloit-il s'en étonner elle avoit puiſé ſes lumieres dans les playes de Jeſus-Chriſt qui en eſt la vive ſource.

Monſieur de Marillac Garde des Sceaux, cet homme d'une vertu & d'une pieté preſque inimitable dans ſon têms viſitoit tres-ſouvent cette digne Superieure, il luy écrivoit dans son exil pour en adoucir la peine, il entretenoit avec elle un pieux & sacré commerce, & s'élevant mutuellement à Dieu par leurs ardentes conversations, ils excitoient dans leurs cœurs les plus saintes flâmes de l'amour divin, je souhaitterois avoir icy les lettres de ces deux Seraphins incarnez pour en édifier mes lecteurs, mais le malheur des têms ne m'a permis que d'en pouvoir échapper une, dont j'ay voulu inserer icy la coppie, afin de faire voir que quand l'esprit de Dieu s'est reposé veritablement sur un cœur, il y répand des douceurs consolantes, & des feux lumineux qui dissipent tous les nuages les plus épais que la disgrace de l'infortune, & l'infidelité du monde puissent exciter pour ébranler la fermeté la plus intrepide d'une grande ame.

LETTRE DE MONSIEUR de Marillac Garde des Sceaux.

J'Ay été bien consolé, ma tres-Reverende Mere, d'apprendre de vos nouvelles par les Lettres que vous avez pris la peine de m'écrire, mais je desirerois que ce fut avec plus de santé, & je prie Dieu de vous la donner, je le loüe aussi de la charité qu'il vous donne pour mon ame, & je le prie que je corresponde à vôtre vertu, & puisqu'il luy plaît de me donner des dispositions fort separées du monde qui me semble aussi éloigné de moy que ceux qui vivoient il y a cinquante ans, & par sa grace j'estime que j'oublirois d'y avoir été, ny d'en sçavoir rien, si personne ne m'en parloit, je me sens bien obligé à la divine Providence de m'en avoir retiré, & l'ordre qu'il à plû à Dieu me donner sur ma vie pre-

sente me laisse aussi-peu de loisir, que j'en avois dans le tumulte des affaires ; mais mes occupations sont beaucoup plus tranquilles & mieux reglées : je vous avoüe que nôtre Seigneur ne veut pas toûjours nous donner connoissance de nôtre état, même des biens ny des choses qui nous consolent comme vous me marquiez par vôtre precedente, & parce que nôtre ame delibere & se resout de l'aimer & de le servir, cette volonté n'est pas toûjours presente, & souvent quand l'ame a eu liberté d'en

faire

faire un acte, la connoissance s'en retire, & elle pense n'en point avoir, mais Dieu la soûtient sans qu'elle l'observe, elle pense tomber à toute heure, mais elle est soûtenuë sans le connoître; Voilà les reflexions que je fais, ma Reverende Mere, qui font tout le sujet de mon bonheur & de mon occupation; j'ay été consolé d'entendre des nouvelles de Sœur Magdeleine, je la remercie de la charité qu'elle a de penser sur nos affaires, ausquelles il n'y a eu sujet que de remercier Dieu, mais l'affection de *nos amis ne peut pas les exemter de peine, je vous remercie & toute vôtre Communauté de la charité que vous avez euë de prier Dieu pour nous, je vous prie de continuer, & pour mon Frere.*

Ie ſuis,

Vôtre tres-humble ſerviteur,
DE MARILLAC.

A Chaſteau-Dun le 16.
Avril 1639.

Les grands hommes ſe font toûjours connoître ſoit dans

la prosperité, soit dans l'adversité : tous ceux qui examineront cette Lettre tomberont d'acord qu'elle est remplie d'un saint amour, & qu'il falloit que cet homme illustre fût pénetré d'une onction divine & d'un parfait détachement des choses de la terre ; ils conviendront aussi de la grande confiance qu'il avoit aux prieres de Marie de Jesus, & de la haute estime qu'il faisoit de son discernement & de sa vertu.

Nous ne pouvons pas douter qu'avec tous ses grands avantages, elle n'ait encore eu plusieurs revelations particulieres, mais sa modestie & son humilité luy en ont fait taire l'éclat; un de ses plus grands soins êtoit de dérober à la connoissance des hommes ces faveurs extraordinaires de Dieu, fuyant l'éclat jusques dans la vertu même, pour éviter la superbe dont le demon sçait empoisonner les plus saintes choses, & jamais on n'auroit rien connu de ces graces signalées dont le ciel la favorisoit, sans que par la permission de Dieu il luy échappa d'en donner quelquefois des marques.

Monsieur de Savau Frere de Monsieur Bachelier Docteur de Sorbonne demeurant ruë Chamvererie homme d'une singuliere pieté, qui conferoit souvent avec nôtre digne Mere, êtant tombé malade à l'extremité, se trouva l'esprit agité de si grandes inquietudes que son frere même qui connoissoit sa vertu en demeura tout surpris. ayant une extraordinaire confiance dans les prieres de Marie de Jesus, il envoya incessamment au Couvent pour les luy demander, mais parce qu'il êtoit une heure induë, & que toutes les Religieuses êtoient retirées, Monsieur D'auchin qui êtoit pour lors le Confesseur de la Maison empescha qu'on avertit au Parloir: le lendemain une des Tourieres allant à son ordinaire sur les quatre à cinq heures du matin dans la chambre de nôtre Superieure ; cette Mere éclairée luy dit d'un eſprit prophetique ; Ma Sœur, Monſieur Savau eſt decedé ſur les deux heures aprés minuit, il faut toutes prier Dieu pour le repos de ſon ame ; cette Religieuſe ſurpriſe de cette connoiſſance qui ne pouvoit être ſans une revelation divine, affecta de l'interroger du têms, des circonſtances, & d'où elle avoit pû l'apprendre, elle luy répondit ſimplement qu'il êtoit mort aprés minuit, & qu'elle avoit été comme forcée de ſe mettre en prieres pour luy, parce qu'il avoit ſouffert de terribles peines, mais qu'il êtoit mort en paix, & que par la misericorde de Dieu il êtoit sauvé : toute cette revelation fut justifiée par le rapport de Monsieur Bachelier qui assura que son frere peu de têms devant sa mort luy avoit dit qu'il venoit d'être presenté en esprit au jugement de Dieu, qu'il croyoit y être condamné dans l'exacte recherche qui s'y êtoit faite de toute sa vie, mais que la Mere Marie de Jesus avoit prié pour luy, & qu'il êtoit sauvé : il assura aussi que son frere ayant dit ces paroles il êtoit mort justement à l'heure que nôtre Mere l'avoit specifié, de sorte que toute sa revelation fut confirmée jusques à la moindre circonstance, d'où l'on ne peut aucunement douter aprés le fidelle témoignage de ceux qui en ont examiné la verité, qu'elle n'ait eu des revelations toutes mysterieuses.

Une autre fois Dieu luy inspira de joindre ses vœux à ceux de toute la France, qui pour son bonheur & sa consolation solicitoient continuellement le ciel de luy donner un Dauphin; il ne manquoit à Louïs XIII. & à Marie Anne d'Autriche au milieu de la felicité de leur Regne que celle d'avoir des heritiers de la Couronne; un jour de sainte Anne cette digne Mere se sentit plus vivement pressée de ce secret mouvement du saint Esprit, elle ordonna de communier à toutes ses Religieuses, & leur fit chanter solemnellement l'Antienne de la Conception de la sainte Vierge, afin d'obtenir de Dieu cette grace, elle fit continuer cette devotion plusieurs années avec une ferveur incroyable, tant elle êtoit zelée pour le bien general de toute la France; ses vœux enfin furent heureusement exaucez, & j'ose dire que quoy que plusieurs saintes ames eussent solicité le ciel avec elle par leurs soûpirs, & grossi par leurs larmes cet heureux nuage qui devoit faire pleuvoir ce rare don du ciel Louïs XIV. nôtre Invincible Monarque, elle avança par l'ardeur de ſes prieres & la ferveur de ſes Oraiſons la naiſſance de ce Dauphin tant deſiré, & qui regne à preſent à la gloire de ſon Royaume, à l'ornement de nos Rois, à la terreur de ſes ennemis, & à la felicité de ſes Peuples. Mais il eſt à remarquer que quand on vint rapporter la nouvelle de l'heureux accouchement de la Reine, elle prevint ceux qui venoient luy en donner la nouvelle, & dit avec beaucoup de modeſtie, quoy qu'on ne luy eût point declaré le ſexe, Dieu ſoit loué c'eſt un Dauphin, ce qui n'ètoit pas tant l'effet du desir ardent qu'elle en avoit, qu'une marque échappée de la connoissance secrette que Dieu luy en avoit donné, & de la particuliere revelation qu'elle en avoit euë.

Aussi faut-il dire que cette grande Princesse qui avoit toûjours une consideration singuliere pour les personnes d'une pieté distinguée avoit pour elle beaucoup d'estime & de veneration, elle en a donné des marques par les soins particuliers qu'elle prit de soûtenir les interêts de sa Maison, se servant même de l'autorité du Roy dans les affaires les plus importantes qui survenoient à cette Communauté ; ſouvent elle y eſt entrée pour conferer avec elle, & par la devotion qu'elle marquoit pour ſon Egliſe ſingulierement dans les têms du Jubilé, elle engageoit toute la Cour de ſuivre ſon exemple.

Monſeigneur de Perefixe Archevêque de Paris dont le rare merite eſt encore tout reſſent dans l'idée de tous les grands hommes, entrant dans les inclinations de la Reine, comme ſes Predeceſſeurs, affectoit auſſi d'y celebrer ſouvent Pontificalement la Meſſe.

Ce n'eſt pas aſſez que Dieu ait favoriſé cette fidelle épouſe de pluſieurs revelations, qui nous ſont échappées par le grand ſoin qu'elle prenoit, comme nous avons déja dit, de cacher aux hommes ces graces extraordinaires de Dieu, mais encore il l'a gratifiée de pluſieurs viſions celeſtes, entre leſquelles celle qui luy ariva à la Profeſſion d'une Religieuſe, eſt une des plus conſiderable.

Cette jeune fille avoit êté heretique, & paſſoit pour une des plus belle perſonne de ſon têms, elle êtoit doüée de mille perfections; la vivacité de ſon eſprit, les agrémens de ſon viſage & la douceur de ſa voix la faiſoient rechercher de toute la terre, & aprés avoir êté convertie & fait abjuration de ſon hereſie, Dieu luy donna la grace d'oſer former le genereux deſſein d'embraſſer le party de la vie Religieuſe ſous la conduite de nôtre Superieure.

Ce ne fut pas ſans beaucoup de difficulté, elle ſouffrit pluſieurs rigoureux combats avant d'entrer en Religion, dont elle ſe rendit victorieuſe par ſa perſeverance ; & aprés qu'elle y eut été admiſe, cette digne Superieure voulant éprouver la conſtance de ſa vocation, luy donna des mortifications qui auroient été capables d'ébranler les plus genereuſes. Il y eut même quelques anciennes qui luy parlant de la ſeverité dont elle uſoit à l'endroit de cette

Novice, elle leur répondit en souriant (laissez-nous faire, elle est à nous) & en effet le têms le justifia puis qu'elle fut receüe à Profession du commun consentement de toutes les Religieuses. Ce fut dans cette auguste ceremonie, où au rapport de ses Directeurs elle vit distinctement la sainte Vierge, & la Magdeleine aux côtez de cette nouvelle Professe, & que êtant divinement inspirée, elle changea son nom de Seraphique en celuy de Marie, il luy sembla lors qu'elle mit le Voile sur sa tête que cette Reine des Anges accompagnée de Magdeleine éclatante de lumieres en tenoient les extremitez, &

la ſuivoient dans tous les pas qu'elle faiſoit juſques à la fin de cette ceremonie, ce fut dans ces doux momens qu'elle ſe ſentit toute tranſportée & élevée en Dieu, & que le feu ſacré de l'amour paroiſſoit avec tant d'éclat & de lumiere ſur ſon viſage, qu'elle attiroit les regards, & engageoit les cœurs de tous ceux qui en furent les ſpectateurs.

Un Heretique même en fut ſi édifié qu'il ſe convertit, & fit peu de têms aprés abjuration de ſon erreur ; converſion que je puis dire être une juſtification de cette myſterieuſe viſion, & le fruit des prieres de nôtre digne Mere.

Je

Je n'aurois jamais fait s'il me falloit rapporter toutes les celestes apparitions dont son époux la favorisée, & comme elle s'abîmoit dans son propre neant au milieu de toutes ses lumieres, j'aime mieux pour entrer dans son esprit en laisser le brillant eclat éclypsé sous les ombres de son humilité pendant que je m'êtendray davantage sur ses actions miraculeuses.

Dieu affligeoit Paris de la plus terrible de toutes les maladies, & faisant succeder rour à tour tous les fleaux differens dont il désole les Peuples quand sa justice est poussée à bout par leur iniquité; & la contagion ayant ſuccedé à la famine & à la guerre, la mort uſoit alors de ſes drois ſans aucune meſure, & comme elle eſt aveugle elle n'épargnoit perſonne, moiſſonnant indifferemment les grands comme les petits, & les juſtes comme les pecheurs.

Cette bonne Mere ſe ſouvenant que Judith par ſes jeûnes & par ſa penitence avoit ſauvé ſa Patrie eut recours à ces mêmes moyens pour fléchir le ciel en couroux, & ils luy réüſſirent ſi heureuſement qu'elle détourna ce fleau redoutable de deſſus ſa maiſon, qui n'en fut point attaquée au têms même qu'il ſe répandoit avec plus de fureur dans toutes les Maisons de la Ville.

Ce fut dans cette veuë que joignant à ses mortifications les aumônes & les charitez, elle fit un vœu du consentement unanime de toutes les Religieuses de donner un pain toutes les semaines aux pauvres Religieux Capucins du Couvent de saint Honoré, ce qui s'observe encore aujourd'huy.

Ce qui ariva à l'égard d'une de ses Religieuses n'est pas moins admirable, c'êtoit une fille d'une grande vertu qui avoit une confiance particuliere à nôtre digne Mere, ses Parens l'avoient amenée d'Hibernie à l'âge de trois où quatre ans fuyant la furieuſe perſecution d'Angleterre, lors qu'elle eut atint l'âge de quinze ans elle reſolut de ſe faire Religieuſe ; quelque têms aprés ſa Profeſſion, Dieu permit qu'elle fut affligée d'une fâcheuſe maladie à laquelle aucun remede ne pouvoit apporter de ſoûlagement ; c'êtoit un amas extraordinaire de vers d'une nature ſi particuliere, que les Medecins ont avoüé depuis qu'ils n'en avoient jamais veu de ſemblables dans le corps humain ; elle fut long-têms inutilement entre leurs mains, & ils furent enfin obligez de l'abandonner.

Marie de Jesus sortant un jour de la sainte Table animée de l'esprit de son aimable Epoux luy toucha le visage & luy dit amoureusement, (courage ma fille souffrez avec patience vous serez bien-tôt soûlagée) ce qui ariva incontinent, car ayant achevé d'entendre la sainte Messe, elle vida le sac qui causoit sa maladie, & quelques jours aprés elle fut parfaitement rétablie ; heureux effet qu'on peut attribuer aux prieres & au merite de cette digne Mere qui luy défendit de parler de cette extraordinaire guerison, tant cette parfaite Religieuse fuyoit les honneurs qu'on ne pouvoit refuser à sa vertu.

Une autre Religieuſe fort ancienne tourmentée depuis plusieurs années d'une inſuportable douleur de tête n'ayant aucun repos ny jour ny nuit étant dans un dégoût general de toutes choſes, aprés avoir inutilement employé toutes ſortes de remedes, ſe ſentit inſpirée de Dieu d'aller trouver ſa Superieure & de la prier inſtamment de luy permettre de faire ſes exercices ſpirituels ſous ſa direction, elle luy acorda par l'avis de ſon Directeur, & cette Religieuſe n'eut pas ſi-tôt commencé ſes exercices qu'elle ſe trouva ſoûlagée, & receut peu à peu une entiere ſanté qu'elle a toûjours attribuée aux prieres de ſon incomparable Superieure: je ne finirois jamais ſi je décrivois icy toutes les graces qu'elle a obtenües de Dieu en faveur de ſa Communauté & de ceux qui avoient recours à elle dans leurs beſoins & dans leurs maladies. Mais je les paſſe ſous ſilence pour venir à la plus éclattante qui la concernoit elle même, c'êtoit ſon humilité profonde au milieu de toutes ces faveurs du ciel & de tous les honneurs de la terre.

Toûjours la vertu ne s'eſt pû diſpenſer de paroître quelque ſoin qu'elle ait eu de ſe cacher: Dieu qui rehauſſe les humbles comme il abbaiſſe les ſuperbes affecte d'éclairer les tenebres de ses Elûs, & de les élever soit comme des modelles qui édifient les bons, soit comme des instrumens dont il se sert pour confondre les méchans, c'est ainsi qu'il en a usé à l'égard de Marie de Jesus, plus elle a voulu s'humilier plus il s'est étudié de la faire paroître, & par un heureux retour ; plus aussi il la faisoit éclatter, plus elle s'abbatoit dans son neant, les exemples qui suivent en sont d'illustres preuves.

Feü Madame la Duchesse de Longueville prevenüe de sa grande experience & de son rare merite luy offrit une Abbaye de Religieuses de l Ordre de Cisteaux pour y êtablir la reforme, mais quelques instantes prieres que cette illustre Princesse pût luy faire pour accepter cette dignité elle la refusa avec beaucoup d'humilité, s'en défendant sur ce qu'une autre meritoit infiniment mieux ce rang qu'elle, & s'en acquitteroit plus heureusement à la gloire de Dieu, cette parfaite Religieuse apportant ainsi autant de précaution à éviter les honneurs & les dignitez que les personnes ambitieuses prennent de peine à y parvenir.

C'êtoit dans ce même esprit d'humilité que pendant les trente-deux ans qu'elle fut continuée d'être Superieure, elle ne manqua jamais tous les trois ans que ſon terme expiroit de faire d'inſtantes prieres à François de Gondy Archevêque de Paris pour l'engager de luy permettre de ſe démettre de ſa Charge pour ſe retirer à Monmartre, comme on l'a appris depuis de ce grand Prelat lors qu'il faiſoit ſa viſite dans ce Monaſtere, elle luy expoſoit ſon grand âge qui ne luy permettoit plus d'aſſiſter à tous les devoirs de ſon Office ny de prendre ſoin des affaires de cette Maiſon, elle luy remontroit avec beaucoup d'humilité qu'il êtoit têms qu'elle ſe retirât pour ne plus penſer qu'à la mort, n'y ayant point de voyes qu'elle ne tentât pour être délivrée de cette Charge, elle écrivoit ſouvent au Reverend Pere Gondrant General de la Congregation de l'Oratoire le preſſant de l'aider à la mettre en repos la faiſant décharger de la Superiorité ; ce qu'on peut voir dans cette Lettre qu'elle écrit à ce ſaint homme, qui eſt remplie des ſentimens les plus ſinceres de ſon humilité, & dont voicy une fidelle coppie.

LETTRE DE MARIE DE JESUS au Reverend Pere Gondrant

Puiſque vôtre charité, Mon tres-Reverend Pere, daigne me promettre l'aßiſtance à mon ſalut, je veux bien vous écrire les beſoins de mon eſprit, & vous montrer que je deſire beaucoup cette grace de Dieu qu'il me faſſe voir avant la ſeparation de mon ame d'avec mon corps, la grandeur de mes fautes, de la maniere qu'elles me seront representées aprés ma mort, afin d'avoir une veritable contrition durant ma vie. Touchant les desirs que j'avois d'être déchargée de la Superiorité, il ne me semble pas en ce point que je veüille fuir les croix, ou que ce soit cela au moins selon mon, intention, mais ce qui me meut à present, c'est que l'âge ne me permet pas d'assister exactement à tous les lieux qu'il serviroit de m'y voir c'est ce qui fait que je crains d'occuper la place d'une autre, à qui Dieu donneroit le pouvoir de faire beaucoup mieux, je demeure en nôtre Seign.ur.

Mon tres-Reverend Pere,

Vôtre tres-humble & obeïssante Fille & indigne servante, Sœur MARIE DE JESUS.

Quiconque lira cette Lettre reconnoîtra sans doute que l'esprit de Dieu qui ne repose que sur les ames parfaitement humbles s'étoit enti rement répandu dans le cœur de Marie de Jesus avec une effusion de grace toute extraordinaire; nous l'allons admirer dans le dernier periode de sa vie, où elle donna des preuves de son heroïque vertu au milieu des plus vives douleurs d'une fâcheuſe maladie, dont il ſemble que Dieu voulut achever d'éprouver cette fidelle ſervante, & de purifier cette genereuſe épouſe; & je peux dire que dans ces derniers momens elle ſembla réünir toutes ſes forces pour donner des marques plus éclatantes de ſon intrepide conſtance, comme le Soleil ſemble réünir en ſe couchant toutes ſes lumieres, pour faire éclater de plus brillans rayons de clarté.

Ayant ateint l'âge de quatre vingtquatre ans elle fut ataquée d'une grande inflammation de poulmons, qui s'augmentant de plus en plus par les ardeurs d'une fiévre continüe, la consommoit peu à peu, & la reduisit à l'extremité sans aucune esperance de guerison, ce fut alors que ramassant toutes les forces de son esprit à mesure qu'elle perdoit celles de son corps, elle fit voir que veritablement la mort est le fidelle écho de la vie, toutes ses grandes vertus qu'elle avoit pratiquées se trouverent autour d'elle pour la fortifier dans la sainte impatience qu'elle avoit toûjours eu de joüir de son celeste Epoux; de sorte que se voyant sur le point d'être satisfaite, l'on ne vit plus dans elle qu'une charmante succession de toutes ses mêmes heroïques vertus pour

pour se disposer à paroître dignement en sa presence. La charité qui brûloit son cœur l'emportant beaucoup sur le feu qui consumoit sa poitrine, elle paroissoit insensible à celuy-cy parce qu'elle êtoit toute embrasée de celle-là ; ses paroles ne furent que comme autant d'étincelles de ce beau feu, ses actions que comme les agitations de cette flâme, & toutes ses dernieres démarches des modelles de bien mourir. Avec quel soin ne fit-elle pas une exacte reveüe sur toutes les actions de sa vie pour les purifier par une Confession generale ; quels pressans sentimens d'une parfaite douleur ne fit-elle pas paroître sur toutes ses plus legeres fautes, avec quelle profonde humilité ne demanda-t-elle pas pardon à toutes les Religieuses de sa Communauté des peines qu'elle auroit pû leur faire & du peu d'exemple qu'elle leur auroit donné, & lors qu'elle fut sur le point de recevoir le corps de Jesus-Christ en Viatique, quels efforts ne fit-elle pas pour le faire avec tout le respect, toutes les adorations, & toutes les ardeurs les plus empressées de la charité? elle parut en sa presence toute noyée dans ses larmes, & son ame comme déja transportée dans son bien-aimé aussi-tôt qu'elle eut receu ce précieux dépôt dans son cœur, comme si elle êtoit entierement retirée en elle-même pour ne plus communiquer qu'avec ce celeste Epoux, elle parut dans une espece d'inaction aux yeux des creatures, parce qu'elle êtoit toute occupée dans l'action interieure avec le Createur : que de secrettes unions, & que de doux entretiens se passerent alors entre ces deux sacrez Amans ; que de desirs interieurs forma nôtre digne Mere de quitter la terre pour joüir sans nuage de ses chastes embrassemens, qu'elle secrette joye & qu'elle douce complaisance ne goûtoit-elle pas de sçavoir que ces heureux momens s'avançoient, combien de fois saintement impatiente repeta-t-elle interieurement ces paroles du Peuple d'Israël ; Nous gemissons, nous poussons de grands soûpris, & nous grossissons de nos larmes les flâmes de Babylone dans les charmantes idées de nôtre souvenir ; O celeste & aimable Sion.

Enfin toutes les dispositions les plus preparées des grandes ames semblerent être réünies dans celle de Marie de Jesus, & il est impossible de les exprimer ny de les comprendre, si l'on a goûté une fois ce que des douces impatiences d'un cœur veritablement épris de l'amour de ſon Dieu, & du deſir d'en joüir & de le poſſeder ; tout ce que nous en pouvons dire c'eſt que dans ces précieux momens ſon bien aimé êtoit tout à elle, & elle êtoit auſſi toute à luy.

Sa volonté êtant entierement abymée dans la ſienne dans les momens de ſa mort, comme dans tous ceux de ſa vie ; elle en donna une évidente preuve dans ces dernieres heures, où elle êtoit à l'extremité, on vint luy dire que Madame de Monmartre ſouhaitoit avoir ſon corps quand Dieu auroit diſpoſé de ſon ame, parce qu'elle avoit pris l'Habit & fait Profeſſion dans ce Monaſtere ;

& comme on luy demanda qu'elle êtoit sa volonté ; helas, dit-elle, que Monseigeur l'Archevêque mon Superieur fasse mettre mon corps où il luy plaira, puisque mon Dieu m'a fait la grace de n'avoir point eu de propre volonté dans la vie, je n'en desire point avoir à la mort.

Et se sentant extrêmement affoiblie demanda avec instance de recevoir le Sacrement de l'Extrême-Onction pour se fortifier contre les artifices du demon qui réünit toutes ses forces dans ces derniers momens pour surprendre s'il pouvoit les ames mêmes, qui ont toûjours été les plus fidelles à Jesus-Christ.

Toutes les Religieuses s'assemblerent dans sa Chambre pour luy donner les dernieres marques de leur veneration & de leur tendresse ; ce fut un spectacle capable de toucher les plus insensibles de voir les postures désolées de toutes ces bonnes Filles en presence de cette chere Mere; les unes se prosternoient à ses pieds & luy demandoient sa benediction, & les autres luy baisoient les mains & les luy baignoient de leurs larmes ; & cette digne Mere réünissant tout ce qui luy restoit de forces les exhorta avec un zele plein de tendresse & d'amour à s'acquitter toûjours fidellement de leur Regle, & à remplir exactement tous les devoirs de leur vocation, elle leur recommanda ſur toutes choſes l'union & la charité entre elles, cõme êtant le lieu & le nœud ſacré de la perfection, & les voulant enſuite conſoler, elle leur dit que Dieu ne les abandonneroit jamais, qu'il prendroit un ſoin tres-particulier de cette Maiſon qui ſe perfectionneroit de plus en plus malgré les traverſes du monde, & les efforts du demon.

Enfin aprés s'être humblement recommandée à leurs prieres elle receut l'Extrême-Onction avec des ſentimens d'une pieté & d'une devotion inconcevable, recitant ſans ceſse les Pseaumes les plus propres aux agonizans, & voyant que ses forces s'affoiblissoient, elle n'en recitoit que quelques versets qui faisoient bien connoître qu'elle pratiquoit ce saint exercice; enfin êtant sur le point d'expirer, elle profera trois fois les saints noms de Jesus & de Marie, & aussi-tôt poussant trois soûpirs sans aucune violence le 25. Janvier 1648. cette belle ame prit les aisles de la colombe pour aller chercher une terre nouvelle, ayant rompu commerce avec les habitans de la terre, pour n'en n'avoir jamais qu'avec les habitans du ciel, & se reposer pour l'eternité dans l'Arche de la ſanctification & dans le ſein de ſon Epoux.

Elle n'eut pas plutôt rendu le dernier ſoûpir que la conſternation ſe répandit dans l'eſprit de toutes les Religieuſes pour la perte qu'elles faiſoient de leur incomparable Superieure. De toutes parts on entendoit que des cris & des gemiſſemens, ces triſtes Filles ſe conſideroient comme autant d'orphelines delaiſſées ayant perdu leur protectrice & leur Mere, les unes ſe tenoient ſi étroitement collées à ſon chaſte corps, qu'on ne pouvoit les en retirer; les autres luy baiſoient reſpectueuſement les mains ſe les appliquant ſur la tête comme pour recevoir la derniere benediction ; celles-cy arousoient ses pieds de leurs larmes, & celles-là faisoient toucher leurs Livres & leurs Chapelets à son corps pour les rendre participantes de sa sainteté, enfin il n'y en eut pas une qui ne voulût avoir quelques pieces de ses Habits & de son Voile comme de précieuses reliques, tant elles avoient d'estime & de veneration pour la vertu de leur digne Superieure.

Le lendemain qui fut le 26. Janvier Monsieur de Saussay Proto-notaire de l'Eglise Romaine Official de Paris & leur Superieur ; & qui pour son éminente vertu a depuis été Evêque & Comte de Toul, Prince du ſaint Empire, vint dans ce Monaſtere pour faire la Ceremonie des Funerailles. Il eſt incroyable combien fut exceſſive l'affluence du Peuple qui accourut de toutes parts pour y aſſiſter. Cette Pompe Funeraire êtant faite avec toute la ſolemnité imaginable, ce Prelat fit une éloquente exhortation à toutes les Religieuſes pour les conſoler ſur la perte qu'elles venoient de faire, il leur fit voir pour moderer leur douleur que cette parfaite Religieuſe qui avoit eu pour elles des ſentimens ſi tendres lors qu'elle êtoit ſur la terre ne manqueroit pas de redoubler en leur faveur les flâmes & les mouvemens de sa charité dans le ciel, où elle les serviroit plus utilement auprés de Dieu.

Il falloit cependant donner une Mere à ces Filles, plusieurs Dames de qualité peu informées de leurs merites particuliers, s'êtoient imaginées qu'il seroit plus à propos de leur en trouver une dans quelque Monastere étranger, & en presserent même avec importunité Monseigneur François de Gondy, mais ce Prelat informé & parfaitement instruit du merite de chaque Religieuse particuliere commanda à Monsieur de Saussay de proceder incessament à en faire élire une de la Communauté par voix de ſcrutin; ce qui fut executé dans le même jour, ce qui a êté continué juſques à preſent. L'élection tomba alors au grand contentement de toutes les Religieuſes ſur Sœur Françoiſe de Boucherat dite de la Mere de Dieu ancienne Religieuſe devant la reforme.

Mais revenons à nôtre digne Mere dont Dieu voulut honorer la memoire aprés la mort comme il l'avoit renduë recommandable par ſes vertus, pendant ſa vie.

L'an 1662. douze ans aprés ſon decés on enterra dans un caveau qui eſt dans l'Egliſe deux anciennes Religieuſes qui moururent en fort peu de têms, elles furent miſes l'une proche de l'autre ſur des treteaux ſelon la coûtume ; peu de jours aprés il ſortoit de leurs corps une infection inſuportable quoy que dans cette année le froid fût ſi extraordinaire que la gelée êtoit de quatre pieds en terre, le Predicateur qui prêchoit l'Advent tomba malade de cette puanteur, la Superieure & ſes Religieuſes en furent extrêmement incommodées, & la Sacriſtine qui ſonnoit la Cloche à cinq heures du matin fut attaquée d'un vomiſſement qui ne luy donnoit aucun repos ; enfin cette infection s'augmentant de plus en plus, on fut obligé d'avoir recours à Monſieur Hodenq Curé de ſaint Severin grand Vicaire & Superieur de cette Maiſon pour luy demander permiſſion de faire ouvrir le caveau & faire transferer ces corps dans le Cloître, pour éviter les ſuites fâcheuſes qui en pouvoient ariver, & en ayant obtenu la permiſſion on fit venir les foſſoyeurs afin de l'executer, mais comme il êtoit trop tard on les remit au lendemain, cependant les Religieuſes s'êtant mis en Oraiſon, ayant intereſſé le credit que leur digne Mere Marie de Jeſus avoit auprés de de Dieu pour les délivrer de cette infection, ſans qu'il fût beſoin d'un mouvement ſi embaraſſant, & qui pouvoit être perilleux, il eſt ſurprenant que le lendemain la Sacriſtine allant à ſon ordinaire le matin dans l'Egliſe ne ſentit plus cette mauvaiſe odeur ; elle courut auſſi-tôt en donner avis à la Superieure, laquelle s'y rendit avec toutes les autres Religieuſes, qui furent témoins de cette ſubite merveille, & qui en rendirent des graces tres-particulieres à Dieu, ce qui fut cauſe qu'on ne fit point cette ouverture.

Je ne raconte pas cecy comme un miracle qui rehauſſe le merite de ma Sainte ; je ne veux pas non plus dire abſolument que l'on doive à ſon interceſſion le précieux dépôt d'une côte de ſaint Magloire, pour qui elle avoit une extrême devotion pendant ſa vie, & qu'il ſemble qu'elle ait voulu faire honorer dans ſa Maiſon aprés ſa mort.

Dieu ne meſure pas toûjours la gloire des Saints dans le ciel par la gloire des miracles qu'il permet qu'ils operent ſur la terre, nous pouvons cependant eſperer que comme il a commencé de manifeſter par quelques ſinguliers évenemens la grandeur des vertus de ſa fidelle ſervante, il continura à vous en donner de plus évidentes preuves dans la ſuite des têms, parce qu'il veut que la memoire des Saints qui y vivent dans l'eternité, ne meure jamais dans le têms, & qu'ils exercent une eſpece de regne ſur la terre, pour juſtifier les couronnes dont il les honore dans le ciel.

Vous le ſoûtiendrez, Mes Dames, ce regne de vôtre digne Mere par l'imitation de ſes vertus ; c'eſt la plus précieuſe gloire qu'elle vous ait laiſſé à y atteindre ; c'eſt l'unique fruit qu'elle veut que vous tiriez des rares exemples qu'elle vous a donné pendant ſa vie & qu'elle vous a laiſſé à imiter aprés ſa mort, elle a ſaintement gouverné, & heureuſement renouvellé vôtre illuſtre Maiſon par la reforme qu'elle y a établie, & qui s'y maintient encore aujourd'huy si glorieusement pour l'honneur des Filles & de la Mere, vous avez êté les témoins de ses vertus pendant sa vie, & vous devez en être les imitatrices aprés sa mort, car si elle vous a laissé son corps & son cœur en dépôt, son desir en mourant a êté de vous rendre heritieres de son esprit, c'est cet esprit qu'elle a remis entre vos mains, afin que vous puissiez ariver comme elle au comble de la perfection, & avoir cette heureuse conformité qu'elle a eu avec son Epoux celeste, sur laquelle sa predestination a été êtablie de laquelle aussi dépend tout vôtre bonheur.

FIN.

TABLE DES CHAPITRES contenus dans ce Livre.

DES CHAPITRES.

Fin de la Table des Chapitres.

EXTRAIT DU PRIVILEGE du Roy.

PAr grace, & Privilege du Roy en date du 14. Avril 1687. Signé PORROTIN: il est permis aux Religieuses Augustines Penitentes établies ruë S. Denis à Paris, de faire imprimer un livre intitulé: *La Vie, & les actions de la venerable Mere*

Marie Alvequin de Ieſus Religieuſe de Monmartre , *&c*. Et ce durant le temps & eſpace de ſix années conſecutives : & déſenſes ſont faites à tous Imprimeurs , Libraires & autres , d'imprimer ledit Livre, ny d'en vendre de contrefaits pendant ledit temps , à peine de confiſcation des exemplaires, de trois mille livres d'amende, & de tous dépens dommages & intereſts, comme il eſt plus amplement porté par ledit Privilege.

Et leſdites Dames Religieuſes ont cedé & tranſporté le Privilege cy-deſſus à Iean-François Dubois Libraire , pour en joüir ſuivant l'accord fait entre eux.

Regiſtré ſur le Livre de la Communauté des Imprimeurs & Libraires de Paris le 1. jour de May 1687.
Signé, J. B. COIGNARD , *Syndic*.

Achevé d'imprimer pour la premiere fois le 28. Juin. 1687.

www.ingramcontent.com/pod-product-compliance
Ingram Content Group UK Ltd.
Pitfield, Milton Keynes, MK11 3LW, UK
UKHW021130260726
13994UKWH00001B/92

9 782329 404004